本书受2016年贵州财经大学引进人才科研项目、贵州省哲学社会科学规划青年课题"环境税框架下贵州省经济和污染减排影响的模拟研究"（课题编号:15GZQN23）资助

Research on China's Industrial Wastewater
Pollution Control Tax System

中国工业废水污染治理
税收制度研究

汤旖璆　著

中国社会科学出版社

图书在版编目（CIP）数据

中国工业废水污染治理税收制度研究/汤旖璆著 . —北京：中国社会
科学出版社，2016.6

ISBN 978 - 7 - 5161 - 7792 - 1

Ⅰ.①中… Ⅱ.①汤… Ⅲ.①工业废水—废水处理—税收制度—
研究—中国 Ⅳ.①F812.42 ②X703

中国版本图书馆 CIP 数据核字（2016）第 051395 号

出 版 人	赵剑英
责任编辑	刘晓红
特约编辑	陆慧萍
责任校对	周晓东
责任印制	戴 宽

出 版	中国社会科学出版社
社 址	北京鼓楼西大街甲 158 号
邮 编	100720
网 址	http：//www.csspw.cn
发 行 部	010 - 84083685
门 市 部	010 - 84029450
经 销	新华书店及其他书店

印刷装订	三河市君旺印务有限公司
版 次	2016 年 6 月第 1 版
印 次	2016 年 6 月第 1 次印刷

开 本	710×1000 1/16
印 张	12.25
插 页	2
字 数	202 千字
定 价	48.00 元

凡购买中国社会科学出版社图书，如有质量问题请与本社营销中心联系调换
电话：010 - 84083683

摘　要

　　生态环境——尤其是水环境——是人类以及动植物赖以生存的基础。随着人类活动的频繁推进，水环境在不断遭到破坏，逐渐演变成为困扰经济发展和社会进步的世界性难题。而这一问题对处于经济发展阶段的中国而言，显得尤为突出。

　　作为世界上严重贫水的 13 个国家之一，我国的淡水资源在全球总水量中的占比仅为 2.6% 左右，人均水资源约为世界平均水平的 28%，而水资源极不均匀的分布状态又进一步加剧了我国的贫水程度——在有限的淡水资源中，80% 分布在我国的南方地区，而西北地区仅占据 4% 左右，水资源逐渐成为制约我国经济发展的重要"瓶颈"。近年来，伴随着经济的飞速发展以及人口总量的持续增长，由水资源短缺问题所带来的矛盾日益尖锐——从人均拥有水资源数量角度来看，我国人均水资源仅为 2200 立方米，不足世界人均水资源量的 1/4，美国的 1/5，俄罗斯的 1/7，加拿大的 1/50。目前，我国共有 669 座城市，其中超过 400 座城市面临缺水问题，110 座城市极度缺水，工业产值受到严重影响。

　　与此同时，由污染问题所带来的水环境总体恶化趋势也日益突出，环境矛盾凸显，发展压力持续增加。一方面，西方发达国家在经历了以牺牲环境为代价的经济发展之后，环境保护意识逐渐加强，为防止本国自然环境受到经济增长的影响，这些国家有计划地逐步将需要支付高额的环境成本的产业转移到发展中国家，实现产业结构的优化升级。而中国作为誉满全球的"世界工厂"，凭借开放的贸易政策和低廉的劳动力成本吸引了大批的海外投资，其中也不乏大量的环境污染产业，使得污染问题逐渐凸显出来。另一方面，由于长期以来我国经济以粗放型发展模式为主，多数企业秉持"重速度、轻质量"的观念，其直接后果表现为污染排放量超过环境容量，生态系统功能退化，环境脆弱。据统计，截至 2012 年，我国废水排放量已经超过美国、日本和印度三国排污量之和，在水资源短缺与污染超标排放的双重压力之下，水环境保护问题无疑成为困扰我国经济社会可持续发展的重要难题。

在我国，废水主要有两类源头，分别是城镇生活污水以及工业废水。虽然整体而言，近年来工业废水排放量在废水排放总量中的占比较为平稳，甚至稍有下降趋势，但鉴于工业废水的行业特点，其中蕴含大量对环境具有极强破坏力的重金属、化学需氧量、氰化物等污染物，若不采取有效治理方式，随意排放的后果不堪设想。

目前我国对于工业废水的治理主要采取对企业征收排污费的方式，虽然《排污费征收使用管理条例》中明确规定"向水体排放污染物的，按照排放污染物的种类、数量缴纳排污费；向水体排放污染物超过国家或者地方规定排放标准的，按照排放污染物的种类、数量加倍缴纳排污费"，但整体征收标准仍然较低，这使得水务系统的日常运行常年依靠财政投资加以维持，难以达到激励排污者加大污染减排和污染防治的政策目标。相比之下，以工业企业为对象适时推行水污染税，既是完善环境经济政策，推进环境税费改革的必然选择与要求，又是优化资源配置，保持经济持续稳定发展的重要举措。

正是基于以上背景，本书在详细分析我国目前工业废水污染治理收费制度现状及不足的基础上，通过借鉴国外典型国家先进的污水治理税收制度经验，结合我国现实情况对工业废水污染治理税制要素进行设计，利用 CGE 模型对该税收制度进行模拟分析，系统估计现有的水污染治理政策以及对工业废水开征水污染税的综合影响，并就减排贡献度进行分解分析。最后，根据模拟结果就工业废水污染治理问题提出若干可供借鉴的政策建议及配套措施。

全书共分为九章。

第一章是绪论，介绍了本书研究的背景和意义，在对国内外研究现状进行综合归纳的基础上，阐明本书的研究思路和研究方法，同时指出本书的创新与不足。

第二章对水污染治理问题相关概念及财税理论进行综述，为后续分析奠定理论基础。

第三章对中国现行工业废水污染治理的财税政策进行阐述，并对不足之处进行分析，最后找出存在问题的原因。

第四章介绍了国外典型国家在水污染治理方面的先进做法，并总结了对我国的启示。

第五章结合中国当前实际情况对工业废水污染治理税制要素进行设计，包括纳税人、计税依据的确定、税率设计以及税收优惠政策等方面，并且以 Logistic 模型为基础，对我国工业水污染税的适用税率进行估算。

第六章构建了包含工业水污染税收政策的 CGE 模型，并对嵌入工业水污染税的环境社会核算矩阵（ESAM）进行了编制与平衡。

第七章以中国现行的工业废水污染治理财税政策为基准情景，对征收工业废水污染税的模拟情景进行分析，并对宏观变量的边际贡献进行分析。

第八章利用 LMDI 方法对工业水污染税收背景下的水体污染物削减状况进行驱动因素分析。

第九章是政策建议，根据本书所构建的 CGE 模型的分析结果，对中国未来可能实施的工业废水污染治理财税政策提供合理化建议。

关键词： 水体环境保护　工业水体污染　税收制度设计

ABSTRACT

Ecological environment, especially water environment, is the foundation for the survival of human, animal and plants. With the frequent promotion of human activities, water environment is getting deteriorated, and gradually evolved to be a worldwide problem for economic development and ·social progress. And this problem seems to be much more serious for China which is still at the stage of development.

As one of the thirteen countries which are seriously lack of water, the freshwater resources in our country are only accounted for about 2.6%, and per capita water resources are only 28% of the world's average level, what's more, the uneven special distribution of water resources exacerbates our country's water shortage situation. In the limited freshwater resources, 80% of which is in southern China, and only 4% is in northwest areas, water resources gradually become an important restriction for China's economic development. In recent years, with the rapid development of economy and population, contradiction caused by shortage of water is getting increasingly sharp. Viewed from the per capita water resources quantity point, China's water resources is only 2200 cubic meters, which is only 1/4 of world's average level, 1/5 of that of USA'S, 1/7 of that of Russia's, 1/50 of that of Canada's. At present, there are 669 cities in China, of which more than 400 cities face the problem of lack of water, and 110 cities is suffering a extremely short of water, industrial production is seriously affected.

At the same time, the problem of water environment deterioration caused by pollution is also becoming serious, no matter environment contradictions or development pressures are increasing. On the one hand, the western developed countries' environmental protection consciousness gradually strengthens after economics development which paid a high price for environment. In order to prevent national natural environment influenced by economic development, these countries have planned to transfer those plants which need to pay a high environmental cost to developing countries to achieve the optimization of industrial structure. While China, famous for the 'world factory' with its open trade policies and low costs of labor, attracts a large number of overseas investment, among which there are many polluting industries, hence the pollution problem becomes more exposed. On the other hand, because the mode of China's economy development has been extensive for a long time, most enterprises pay more attention to development speed while ignore the quality, it directs a consequence that pollution emissions exceed environmental capacity, ecosystem functions degrades and environment becomes fragile. According to statistics, by the end of 2012, our country's wastewater emissions has already been more than the total number of USA's, Japan's and India's. Under the dual pressure on shortage of water resources and pollution's excess discharge, water protection problem undoubtedly becomes an important obstacle of sustainable economic and social development in China.

In China, there are mainly two kinds of source of wastewater, respectively is urban sewage and industrial wastewater. Although recent years the proportion of industrial wastewater emissions is stable, even has a slightly declining trend, because of the characteristics of industrial wastewater, there are lots of pollutants, such as heavy metal, COD, cyanide and so on, which can make strong environmental destruction. If we do not take effective management, the consequence of random discharge is unbearable to contemplate.

At present, the main way to control industrial wastewater is to levy sewage fees on enterprises, although the *Sewage Fee Collection Management Ordinance* clearly stipulates that "the manner of discharge pollutants to water should pay sewage fees according to the type and quantity of pollutants, if the amount of pollutants discharge is more than prescribed national or local standards, should double pay sewage fees according to the type and quantity of pollutants", however, because of the overall collection standards is still too low, water sections' daily operation depends on financial investments throughout the year which makes it difficult to achieve the policy goal of encouraging polluters to reduce pollutants emissions or preventing pollution. In contrast, taking industrial enterprises as the object to levy wastewater tax timely is not only an inevitable choice and requirement to improve environmental economic policies and promote environmental tax reform, but also an important measure to optimize the allocation of resources and maintain economic development steadily.

Based on the above background, this paper designs the elements of industrial wastewater pollution control tax combining with China's reality with the reference of foreign typical countries' advanced experiences and the background of analysis of present industrial wastewater charging system's shortcoming. Through using CGE model, we systematically estimate the comprehensive influences of present wastewater control policy and industrial wastewater tax, besides, we still make a decomposition analysis on pollutants emissions reduction contribution. Finally, we give some reference suggestions and policy measures according to the simulation results.

There are nine parts in the full paper.

The first part is introduction, the main content is to introduce this research's background and meaning, illustrate the research idea and method of this paper based on the comprehensive induction of domestic and foreign researches, at the same time, we also point out this paper's innovation and deficiency.

The second part reviews the concepts and taxation theories which are related to water pollution governance, lay a theoretical foundation for the subsequent analysis.

The third part illustrates current fiscal and taxation policies on industrial wastewater control in China, and gives some necessary analysis on China's current industrial wastewater control policies and point out shortcomings. Besides, this part also finds out possible reasons for those problems.

The forth part introduces the typical foreign countries' water pollution control methods and summarize the enlightenments to our country.

The fifth part designs the elements of industrial wastewater tax system, such as taxpayers, tax basis, tax rate, tax preferential policies and so on, according to China's current situation. Besides, this part also estimates an applicable tax rate of industrial wastewater tax by using the Logistic model.

The sixth part constructs a CGE model which includes the industrial wastewater tax policy, and compiles an environment social accounting matrix (ESAM) which makes industrial wastewater tax embedded and keeps it balanced.

The seventh part takes China's current industrial wastewater pollution control policy as baseline scenario, makes analysis of simulation scenarios and the marginal contribution of macro variables.

The eighth part makes an analysis of industrial wastewater pollutants' driving factors using LMDI method with the background of industrial wastewater tax.

The ninth part is policy recommendations, which gives some suggestions according to the CGE model's simulation results.

Key Words: Water Environment Protection　Industrial Water Pollution　Tax System Designment

目 录

图目录

表目录

第一章 绪论

第一节 研究背景及意义

一 研究背景

生态环境——尤其是水环境——是人类以及动植物赖以生存的基础。随着人类活动的频繁推进,水环境在不断遭到破坏,逐渐演变成为困扰经济发展和社会进步的世界性难题。而这一问题对处于经济发展阶段的中国而言,显得尤为突出。虽然自改革开放以来,我国经济以年均9.8%的增速持续保持蓬勃发展状态,经济总量在世界范围内的占比由1978年的1.8%上升至2013年的12.3%,并于2010年一跃成为世界第二大经济体,但在取得举世瞩目的成绩的同时也付出了惨痛的代价:由于长期以来我国经济以粗放型增长为主,忽视了对生态环境的保护,使得近年来环境问题变得日益严峻,而水环境问题尤为突出——我国的废水排放量连年增长,全国废水排放总量由2007年的556.8亿吨逐步上升至2012年的684.8亿吨,年均增长4.24%,河流、湖泊、地下水以及各水库的水质均受到不同程度的影响。以2012年为例,当年河流水质中全年Ⅳ—劣Ⅴ类水河长共占评价河长的33%,其中黄河区、辽河区、淮河区水质为差,劣Ⅴ类水河长比例在25%左右,海河区水质为劣,劣Ⅴ类水河长比例高达46.1%;湖泊水质中Ⅳ—劣Ⅴ类湖泊共80个,占评价湖泊总数的71.4%、评价水面面积的55.8%,其中尤以太湖、滇池以及巢湖污染状况为甚;地下水质中不适用于饮用的Ⅳ—Ⅴ类监测井在评价监测井总数中的占比高达 76%；此外，水库水质的营养状态也不容乐观，在全国 259 座大型水库、241 座中型水库以及 40 座小型水库中，中营养水库有 348 座，轻度富营养水库 144 座，中度富营养水库 25 座，重度富营养水库 1 座①——由水体污染所造成的"水质性缺水"问题在很大程度上进一步加剧了我国水资源短缺的问题，使得水环境问题逐渐成为制约我国经济社会可持续发展的重要"瓶颈"。②

在我国，废水主要有两类源头，分别是城镇生活污水以及工业废水。虽然整体而言，近年来工业废水排放量在废水排放总量中的占比较为平稳，甚至稍有下降趋势，但鉴于工业废水的行业特点，其中蕴含大量对环境具有极强破坏力的重金属、化学需氧量、氰化物等污染物，若不采取有效治理方式，随意排放的后果不堪设想。仍以 2012 年为例，在以省份为单位进行划分的情况下，当年江苏、广东、山东三省位居全国工业废水排放量前三名，仅上述三省当年化学需氧量排放总量便已突破 300 万吨，氨氮排放总量突破 30 万吨，石油类、挥发酚、氰化物以及重金属等污染物的排放量也十分惊人；在以行业为单位进行划分的情况下，当年造纸和纸制品业、化学原料及化学制品制造业、纺织业、农副食品加工业的废水排放量在接受调查统计的 41 个行业中位于前四位，其废水排放总量高达 101.1 亿吨，占重点调查工业企业废水排放总量的 49.7% 之多。③

目前，我国对于工业废水的治理主要采取对企业征收排污费的方式，虽然《排污费征收使用管理条例》中明确规定"向水体排放污染物的，按照排放污染物的种类、数量缴纳排污费；向水体排放污染物超过国家或者地方规定排放标准的，按照排放污染物的种类、数量加倍缴纳排污费"④，但整体征收标准仍然较低，这使得水

---

① 中华人民共和国水利部：《2012 年中国水资源公报》，2012 年。
② 陈雯：《中国水污染治理的动态 CGE 模型构建与政策评估研究》，博士学位论文，湖南大学，2012 年。
③ 中华人民共和国环境保护部：《2012 年环境统计年报》，2013 年。
④ 中华人民共和国国务院令（第 369 号）：《排污费征收使用管理条例》，2003 年。

务系统的日常运行常年依靠财政投资加以维持。仅 2012 年一年，废水治理设施运行费用便高达 1015.9 亿元，其中工业废水治理设施费用为 667.7 亿元，占全部费用的 65.7%；污水处理厂运行费用为 348.2 亿元，占废水治理设施运行费用的 34.3%，两项费用较 2005 年相比，分别提高了 141.3% 和 372.5%。① 与此同时，同年全国范围内征收的排污费②共计 205.32 亿元，远低于治污所需费用标准。与此同时，带有"命令—控制"特点的收费手段也存在成本高、效率低、稳定性差的弊端，显然这将对全面推进环境保护工作带来负面影响，起到一定的阻碍作用。因此，为扭转长期以来我国环境保护工作的被动局面，应当综合运用行政、法律、经济等手段，从根本上解决环境问题。而较之排污收费政策，环境税收具备高效、稳定、约束性强等优点，符合我国未来环境治理工作的要求。可见，适时推出环境税，特别是针对工业废水排放问题的环境税收，既是保护生态水环境的有效措施，又是符合我国经济社会可持续发展的必然选择。

正是基于以上背景，本书在详细分析我国目前工业废水污染治理收费制度现状及不足的基础上，通过借鉴国外典型国家先进的污水治理税收制度经验，结合我国现实情况对工业废水污染治理税制要素进行设计，利用 CGE 模型对该税收制度进行模拟分析，系统估计现有的水污染治理政策以及对工业废水开征水污染税的综合影响，并就减排贡献度进行分解分析，最后，根据模拟结果就工业废水污染治理问题提出若干可供借鉴的政策建议及配套措施。

二 研究意义

(一) 理论意义

虽然目前国外学者围绕环境税收问题开展了一部分研究，并已取得一定的成果，但有关工业废水污染治理财税政策方面的研究仍然较少。相比之下，国内学者对此涉猎更少，多数研究仅停留在定

---

① 中华人民共和国环境保护部：《2012 年环境统计年报》，2013 年。
② 征收范围包含废水、废气、固体废物以及噪声污染。

性分析层面，主要针对水污染税的税制要素进行设计，较少借助定量工具进行研究。本书主要借助可计算一般均衡模型（Computable General Equilibrium Model，CGE），以瓦尔拉斯一般均衡理论为基础，通过定义各经济主体的函数形式，并分析经济中各部门之间的关系，对工业废水污染治理问题进行分析，将主要解决如下问题：对工业废水征收水污染税会对我国宏观经济产生多大程度的影响？哪些行业将会受到影响？不同产业所受影响是否相同？

因此，本书的研究具有如下几方面理论意义。

其一，有助于完善工业废水污染治理的财税理论依据，缩小与国外财税理论研究水平的差距，弥补当前我国在水污染治理方面财税理论体系的空白。

其二，由于我国目前尚未推行水污染税收政策，本书所构建的模型模拟机制，为未来全面水污染治理财税措施提供了理论支持。

其三，由于目前环境 CGE 模型的应用在我国尚属初期探索阶段，因此本书在环境 CGE 模型的应用方面还具有一定的理论前瞻性。

（二）现实意义

作为世界上严重贫水的 13 个国家之一，我国的淡水资源在全球总水量中的占比仅为 2.6% 左右，人均水资源约为世界平均水平的 28%，而水资源极不均匀的分布状态又进一步加剧了我国的贫水程度——在有限的淡水资源中，80% 分布在我国的南方地区，而西北地区仅占据 4% 左右，水资源逐渐成为制约我国经济发展的重要"瓶颈"。近年来，伴随着经济的飞速发展以及人口总量的持续增长，由水资源短缺问题所带来的矛盾日益尖锐[1]——从人均拥有水资源数量角度来看，我国人均水资源仅为 2200 立方米，不足世界人均水资源量的 1/4，美国的 1/5，俄罗斯的 1/7，加拿大的 1/50。目前，我国共有 669 座城市，其中超过 400 座城市面临缺水问题，110

---

[1] 周明玉：《我国水污染防治立法现状与创新研究》，硕士学位论文，中国地质大学，2009 年。

座城市极度缺水，工业产值受到严重影响。[①]

与此同时，由污染问题所带来的水环境总体恶化趋势也日益突出，环境矛盾凸显，发展压力持续增加。一方面，西方发达国家在经历了以牺牲环境为代价的经济发展之后，环境保护意识逐渐加强，为防止本国自然环境受到经济增长的影响，这些国家有计划地逐步将需要支付高额的环境成本的产业转移到发展中国家，实现产业结构的优化升级。而中国作为誉满全球的"世界工厂"，凭借开放的贸易政策和低廉的劳动力成本吸引了大批的海外投资，其中也不乏大量的环境污染产业，使得污染问题逐渐凸显出来。[②] 另一方面，由于长期以来我国经济以粗放型发展模式为主，多数企业秉持"重速度、轻质量"的观念，其直接后果表现为污染排放量超过环境容量，生态系统功能退化，环境脆弱。据统计，截至2012年，我国废水排放量已经超过美国、日本和印度三国排污量之和，在水资源短缺与污染超标排放的双重压力之下，水环境保护问题无疑成为困扰我国经济社会可持续发展的重要难题。

早在2011年年底，国务院便已经颁布《国家环境保护"十二五"规划》，明确指出环境保护是我国的基本国策，应当将环境保护工作作为转变经济发展方式的重要手段和推进生态文明建设的根本措施，并将改善水环境质量作为需要切实解决的突出环境问题加以对待。[③] 作为我国实现现代化和经济社会可持续发展过程中所要面对的重大课题，如何加强体制、机制创新与建设，深化污染物减排，改善环境质量，防范环境风险。积极探索出一条代价小、效益好、排放低、可持续的环境保护新道路将是近期需要解决的重要问题。对于社会经济发展与环境保护工作均处于深刻变革与转型的关键时期的我国来说，制定科学、合理、有效的水资源保护与污染控制、减排政策，是在坚持科学发展的基本原则的基础上，以建设资

---

① 韩旭：《我国工业废水排放量与经济增长关系的实证研究》，硕士学位论文，西南财经大学，2009年。

② 张颖：《中国流域水污染规制研究》，博士学位论文，辽宁大学，2013年。

③ 中华人民共和国国务院：《国家环境保护"十二五"规划》，2011年。

源节约型、环境友好型社会为目标，实现经济与环境协调发展的必然选择。考虑到目前我国在水污染治理方面仍主要采取行政性收费手段，治污效果难尽如人意，因此，以工业企业为对象适时推行水污染税，既是完善环境经济政策、推进环境税费改革的必然选择与要求，又是优化资源配置、保持经济持续稳定发展的重要举措。

本书通过参考国际先进经验，对工业废水污染治理的财税政策进行合理化设计，在环境 CGE 框架下对推行该政策所产生的宏观经济效应、产业结构变动以及污染削减效果进行定量分析，并在此基础上对污染物削减活动的驱动因素进行分解，对于评估目前工业废水污染治理财税政策的执行效果以及未来治理政策的选择具有一定的现实指导意义。

第二节　文献综述

一　国外文献综述

（一）最优水污染税相关研究

对最优水污染税的讨论起源于环境税的"双重红利"假说。该假说认为开征环境税不仅有助于改善环境，即获得环境红利（第一重红利），还能够起到提高效率、降低其他税种对市场扭曲程度等良性作用，即获得非环境红利（第二重红利）。但是，长期以来，学术界对于"双重红利"假说一直存在争议，不同学者对此持有不同观点。例如 Charles Upton（1968）认为最优水污染税是确实存在的，并计算出为获得更为清洁的水资源所需要支付的社会成本。[①]
Jerome E. Hass（1970）利用 Dantzig – Wolfe 算法，以俄亥俄州的迈阿密河（Miami River of Ohio）流域的相关数据为研究对象，得出了中央政府即使在不了解治理污染成本函数形式的情况下，仍然能够

[①] Charles Upton, "Optimal Taxing of Water Pollution", *Water Resources Research*, No. 5, 1968.

寻求到同时满足最优污染税率和流域水质标准的治理方法，且这一结论只需要进行较少次数的迭代计算。[①]

然而，也有部分学者持完全相反观点。R. Schoeb（1996）认为，征收环境税并不一定能够保证环境改善；相反，环境甚至可能进一步恶化。[②] James Boyd（2003）在对美国的税收体制和流域运输等问题进行分析之后，他认为所谓的最优水污染税在实际中并不可行，且注定失败。[③] C. Coeck 等（1995）以 Flanders 所征收的水和固体废物污染税收为研究对象，对环境税的实际作用进行定量分析，得出征收相关税收并不能同时保证税收收入增长、污染减排的最优结果，所谓的绿色管理措施效果十分有限，多数厂商仅仅把环境税收视为商业税收的一种，其减排作用并不理想。[④] Laijun Zhao 等（2012）利用转移税的协调模型（HMTT）对中国跨流域水污染问题进行研究，计算得出了成本最小化的转移税率，并以中国太湖为研究对象进行案例分析，其研究结果表明，在污染减排问题上，HMTT 方法明显优于目前已有的模型。[⑤]

（二）污染减排治理与 CGE 模型应用相关研究

近年来，随着生态环境的不断恶化，各国对环境保护政策的重视程度日益提高，政策效应的模拟与评估相关研究也逐渐进入人们的视线中。在众多政策评估方法中，CGE 模型得到了较为广泛的应用。简单来说，CGE 模型是利用方程组来描述供求关系，并在消费者效用最大化、生产者利润最大化等一系列优化条件下求解这一组

[①] Jerome E. Hass，"Optimal Taxing for the Abatement of Water Pollution"，*Water Resources Research*，No. 2，1970.

[②] R. Schoeb，"Evaluating Tax Reforms in the Presence of Externalities"，*Oxford Economics Papers*，No. 48，1996.

[③] James Boyd，"Water Pollution Taxes：A Good Idea Doomed to Failure？"，*Resources for the Future*，No. 5，2003.

[④] C. Coeck et al.，"The Effects of Environmental Taxes：An Empirical Study of Water and Solid Waste Levies in Flanders"，*Annals of Public and Cooperative Economics*，No. 4，1995.

[⑤] Laijun Zhao et al.，"Harmonizing Model with Transfer Tax on Water Pollution across Regional Boundaries in a China's Lake Basin"，*European Journal of Operational Research*，No. 225，2013.

方程。CGE 模型是对经济生活的整体模拟,是着眼于全局而非局部的分析方法,这一特点决定了该模型相对于其他模型的绝对性优势。

CGE 模型应用领域广泛,可根据不同研究目的对模型结构进行调整,环境问题是其重要的应用领域之一。根据环境 CGE 模型对污染行为的不同表示方式,可将其划分为四种类型。

一是应用扩展型,即以标准 CGE 模型为基础,将外生环境处理模块加入其中,属于传统 CGE 模型的扩展,代表性人物包括 Glomsrod 等(1992)、Blitzer(1992)以及 Conrad 和 Schroder(1993)等。

二是环境反馈型,即在经济系统中引入环境反馈机制,例如,在生产函数中设定污染控制成本,或者将环境质量对产出的影响引入生产模块中,代表性人物包括 Jorgenson 等(1990)、Bergman(1991)、Gruver 等(1994)。

三是函数扩张型,即在修正生产、消费模块的同时,将污染削减函数引入到生产函数中,代表性人物包括 Nestor 等(1995)。

四是结构衍生型,即通过增添污染治理部门(假设该部门与生产部门具有相同的运作模式)对传统 CGE 模型进行改造,重新划分经济系统的结构。代表性人物包括 Xie 和 Saltzman(2000)等。[①]

在具体应用过程中,模型的构建可分为动态与静态两种形式。在早期的研究中,学者大多使用静态 CGE 模型。最早将污染排放和治理行为引入 CGE 模型中的是 Dufournaud M. 等(1988),他们将生产部门的排放行为视为固定的污染系数加以处理。[②] 而后,Xie Jian(1995)以中国为例,构建了包含 7 个生产部门和 3 个污染治理部门的静态 CGE 模型,分析实施水污染税、对生产部门进行污染削减补贴等政策对经济部门、经济结构的影响,并估算了当中国工业废水处

---

① 邓祥征:《环境 CGE 模型及应用》,科学出版社 2011 年版,第 13—14 页。

② Dufournaud M. et al., "Leontief's Environmental Repercussions and the Economic Structure Revisited: a General Equilibrium Formulation", *Geographical Analysis*, No. 4, 1988.

理率提高至 80% 时对经济各部门的影响。[1] Seunghun Joh（1998）利用美国农业相关数据建立环境 CGE 模型，对环境政策在农业部门用水污染减排方面的治理效果进行研究，该模型作出如下假设：首先，将肥料视为模型中的产出部门，而其他部门对肥料的使用则视为富有弹性的；其次，农业用地等级存在差异性，不同等级地块的排污程度也有所不同；最后，不同地块的产物之间具有可替代性。基于上述框架，该模型模拟了三种情景下不同政策的影响。[2] Jian Xie 和 Sidney Saltzman（2000）以中国为例，通过构建环境 CGE 模型对发展中国家的环境政策进行了分析，并将污染税收、补贴以及清洁活动纳入模型框架之中。[3] Changbo Qin 等（2012）利用中国数据构建静态 CGE 模型，通过将水资源视为经济生产的隐性要素并对其征收税收，借此实现对水需求管理政策的经济影响进行评估。结果表明，对水资源征税能够有效地重新配置资源，并能够起到转变生产、消费以及贸易模式的作用，且该作用在农业部门最为显著。[4]

随着研究的深入，为了进一步提高政策模拟结果的准确性，部分学者开始使用动态 CGE 模型。相较于静态 CGE 模型，动态 CGE 模型能够根据模拟结果进行动态更新，再次进行模拟，并对轨迹进行刻画，利于提高对拟实施政策的直观认识。例如，Rob Dellink 等（2004）利用荷兰相关数据构建了多部门动态 CGE 模型对污染减排问题进行研究，并在模型中特别设立了一个"污染治理部门"，以保证污染企业可以内生选择购买排污许可证或者增加减排支出。在整个经济体中，污染企业的减排成本、排污许可证价格以及环境政策的经济

[1]　Xie Jian, "Environmental Policy Analysis: An Environmental Computable General Equilibrium Model for China", *Cornell University*, 1995.

[2]　Seunghun Joh, "A Computable General Equilibrium Approach to Environmental Modeling in the United States Agriculture", *Sangamon State University*, 1998.

[3]　Jian Xie, Sidney Saltzman, "Environmental Policy Analysis: An Environmental Computable General Equilibrium Approach for Developing Countries", *Journal of Policy Modeling*, No. 4, 2000.

[4]　Changbo Qin et al., "The Economic Impact of Water Tax Charges in China: a Static Computable General Equilibrium Analysis", *Water International*, No. 3, 2012.

影响以动态形式相互作用，其结果表现为经济在多种因素的影响下开始下滑，对经济结构进行大规模重组以及依靠科技实现污染减排才是最优选择。[1] Jing Cao（2007）利用 CGE 模型对中国三种可能的环境税收对环境和经济的影响进行模拟预期，研究发现，环境税收除了会在区域内获得预期的减排效果，还有助于解决全球气候变暖问题，产生"双赢"局面。[2] Changbo Qin 等（2011）利用拓展的环境动态 CGE 模型对污染排放控制政策的经济影响进行研究，以 2007 年排放水平为基准，设计模拟截至 2020 年的多种减排情景，结果表明到 2020 年，中国可以以较低的宏观经济成本实现适中的减排目标。同时，较为严格的环境保护政策能够有效促使污染部门在生产、消费、贸易模式等诸多方面向清洁部门转变。[3]

（三）税费改革问题相关研究

水污染排放具有显著的负外部效应，排污企业在利益最大化动机的驱使之下很难主动作出减排举动，因此，需要依靠政府部门采取相应措施进行污染控制。在确定控制工具时，政府部门通常面临两种选择：一是采取直接管制或命令—控制手段；二是利用以市场为基础的税收、排污许可证交易等经济手段，利用市场机制达到保护环境的目的，后者通常被认为是更为有效的治理方法。[4] 对于污染治理仍然带有行政色彩的国家而言，税费改革问题被逐渐提上议程。Shahbaz Mushtaq 等（2008）以中国的漳河灌溉系统为例，对水资源和农业生产的税费改革的有效性进行分析，他们认为税费改革能够有效降低地区性用水量，促使农民转为依赖池塘等当地水资源，但抽水成本随之

---

① Rob Dellink et al. , "Dynamic Modeling of Pollution Abatement in a CGE Framework", *Economic Modeling*, No. 21, 2004.

② Jing Cao, "Essays on Environmental Tax Policy Analysis: Dynamic Computable General Equilibrium Approaches Applied to China", *Harvard University*, 2007.

③ Changbo Qin et al. , "Assessing Economic Impacts of China's Water Pollution Mitigation Measures through a Dynamic Computable General Equilibrium Analysis", *Environmental Research Letters*, No. 6, 2011.

④ 陈雯：《中国水污染治理的动态 CGE 模型构建与政策评估研究》，博士学位论文，湖南大学，2012 年。

提高，每单位水资源的使用成本也将整体提高。同时，税费改革对耕作模式的影响也十分深远，只是该项影响在短期内尚未显现出来。①Henning T. J. 等（2008）对 2006 年至 2010 年间的社会经济发展计划进行模拟评估，他们认为对于越南而言，进一步扩大排污收费范围能够有效地对水污染排放问题进行治理。②Zengkai Zhang 等（2012）在2007 年新疆地区社会核算矩阵（SAM）基础上建立了 CGE 模型，对中国资源税改革进行研究，结果表明，低税率、窄税基、不合理的价格机制等诸多方面将会发挥联合作用，其结果最终表现为资源税改革的主要意义在于为地方政府提供财政收入来源，而非获得节能减排效果，同时，研究还表明，资源税改革并非必然引起通货膨胀。③M. Donny Azdan（2001）以印度尼西亚的三种现行水政策为例进行分析，研究了 CGE 模型框架下的政策改革问题。模型模拟涉及三种情景：一是对市政公司（PAM）所供给的水征收附加税；二是将相同的税收用于补贴使用 PAM 公司水资源的低收入家庭；三是取消对家庭和工业部门提供的交叉补贴，以收费政策取而代之。研究结果表明，取消交叉补贴政策能够有效地提高经济效率。④

二 国内文献综述

（一）现行排污收费制度相关研究

我国的排污收费制度始于改革开放之初，是一项重要的法律制度，国内许多学者对该项政策进行了深入的研究，例如，王鹏（2013）详细阐述了我国排污收费制度的内涵，在对排污收费相关法

① Shahbaz Mushtaq et al., "Evaluating the Impact of Tax – for – Fee Reform（Fei Gai Shui）on Water Resources and Agriculture Production in the Zhanghe Irrigation System, China", *Food Policy*, No. 33, 2008.

② Henning T. J. et al., "Economic Instruments and the Pollution Impact of the 2006 – 2010 Vietnam Socio – Economic Development Plan", *Munich Personal RePEc Archive*, No. 23, 2008.

③ Zengkai Zhang et al., "Effects and Mechanism of Influence of China's Resource Tax Reform: A Regional Perspective", *Energy Economics*, No. 32, 2012.

④ M. Donny Azdan, "Water Policy Reform in Jakarta, Indonesia: a CGE Analysis", *The Ohio State University*, 2001.

规进行介绍与梳理的基础上，对我国排污收费制度的性质给予界定。①
自该项制度实行以来，其在改善环境、治理污染等方面所发挥的作用
是有目共睹的，有效地保证了我国环境保护工作的顺利开展。不可否
认，作为世界各国环保工作的常用手段，排污收费制度在促进经济社
会与生态环境协调发展方面发挥着重要的作用。但由于该项制度在设
计之初就存在一定的缺陷，使其在具体运行过程中出现了诸多问题。
例如，任继斐（2014）对我国当前的排污收费制度存在的问题进行了
分析，他认为排污收费制度的缺陷主要表现为管理模式有问题、征收
标准偏低、征收范围狭窄等方面，建议由排污权交易替代现行收费制
度。② 陈庆秋、陈晓宏（2006）认为，目前水资源收费制度存在的主
要问题表现在标准静态化、征收分类标准欠科学、征收标准过低以及
存在地域性歧视现象四方面，并以广东省为例对水资源费改革问题提
出建议。③

面对现行排污收费制度的诸多弊端，许多学者呼吁对其进行改
革。陈欣（2014）首先对我国排污收费制度的现状进行分析，在总结
归纳该项制度存在问题的基础上，对排污费向排污税改革的必要性与
可行性进行分析，认为"费改税"后，不仅能够从制度层面解决环保
部门管理问题，为征管工作提供强有力的法律保障，还能够带来污染
减排与经济繁荣并存的良好局面。④ 王永航（1996）对水污染排污收
费标准制定相关理论和技术方法进行了系统研究。他认为正确处理企
业生产与社会福利之间的关系，是研究排污收费标准制定理论的关键
所在，并提出具有简单、直观便于操作等特点的求解社会平均边际削
减费用的方法——CMC 法，并在此基础上根据污染物排放对策调整排

① 王鹏：《论排污收费制度》，《2013 中国环境科学学会学术年会论文集》（第三卷），
2013 年。

② 任继斐：《关于我国经济发展中排污收费制度的评价》，《内蒙古科技与经济》2014
年第 2 期。

③ 陈庆秋、陈晓宏：《广东省水资源费征收体制改革初探》，《人民长江》2006 年第 4
期。

④ 陈欣：《排污费改税的法律思考》，《环境经济》2014 年第 3 期。

污收费标准。[1] 郭京菲等（1998）在对国内外水污染收费系统的实际做法进行比较的基础上，对我国水污染收费体系存在的问题进行分析，并以 ZSM 解释结构模型形式列出，根据我国实际情况，对水污染排污收费制度在协调、健全、完善与管理等多方面给出了政策建议。[2] 严明清（2004）利用武汉市社会调查数据，对污染物集中治理的排污收费价格进行模型分析，得到武汉市市民用水需求曲线，并对污水排放收费标准给出了建议。[3]

（二）水污染税税制设计相关研究

作为 21 世纪全球资源环境方面的首要问题，水资源问题是直接关乎人类生存、发展的重大课题。与世界上其他国家相比较，我国的水资源问题显得极为突出，应当给予足够的重视。吴雪（2006）认为目前我国面临"水少、水脏"等严重问题，水资源供需矛盾极为突出，而水质恶化所引发的用水危机远远大于水资源匮乏危机，如果忽视这些问题，将会引起极为严重的社会矛盾。[4]

为了遏制生态环境的进一步退化，近年来关于开征水污染税的呼声越来越高，许多学者对水污染税的征收办法进行了详尽的规划。高萍（2012）认为，开征水污染税能够有效提高我国污染控制效果，是环境保护工作制度创新的体现。[5] 马红波（2008）认为，相比于收费而言，对水资源征税存在诸多好处，例如能够有效地节约行政管理成本，并且符合税费改革的总体要求。同时指出，水资源征税应当建立在兼顾公平、效率的基础上，征税对象的确定应当坚持全面且合理的原则，税率设计应当充分考虑对资源利用的控制调节作用，以及对经

① 王永航：《水污染物排污费标准制定理论及技术方法研究》，博士学位论文，清华大学，1996 年。

② 郭京菲、郑宗勇、傅国伟：《我国水污染收费系统的现状与对策》，《上海环境科学》1998 年第 6 期。

③ 严明清：《城市排污费的经济分析——基于武汉市的案例研究》，博士学位论文，华中科技大学，2004 年。

④ 吴雪：《对水资源征税的看法》，《税务研究》2006 年第 7 期。

⑤ 高萍：《欧洲典型废水税方案及我国开征废水税的制度选择》，《中央财经大学学报》2012 年第 6 期。

济发展的促进作用。① 高萍、樊勇（2009）认为开征污染排放税是我国排污"费改税"工作的客观要求，是构建绿色税制的核心内容，有利于进一步优化我国税制结构。同时，他们还对我国污染排放税的开征范围、税制要素设计的基本原则进行探讨，并对于主要的课征制度设计给出了具体的建议。② 司言武、全意波（2009，2010）在水污染税税率设计方面进行了大量的研究，对水污染税的适用税率进行了详尽的设计。首先，他们以浙江省为实例，对开征水污染税所起到的治污作用和治污成本进行测算；其次，他们分别针对城市生活污水和工业废水，根据污染物对环境所造成的损失估计值、治污成本以及废水排放量对水污染税税率进行确定，并根据全国不同区域的具体情况，设计制定了税率的浮动区间，以此来保证各地区能够结合自身情况确定最为科学、合理的水污染税税率。③④⑤ 彭定赟、肖加元（2013）在对俄罗斯、荷兰以及德国三国的水资源税制度进行梳理、总结的基础上，对我国的水资源征税制度给出了建议。⑥ 贾琳琳（2013）首先阐述了我国水污染税费制度的发展历程与现状，在总结现行排污收费制度的不足之处的基础上，通过借鉴国外相关经验，对水污染税各税制要素进行定义，为水污染税收制度的推行提出相应的建议。⑦

此外，部分学者还对开征水污染税对我国经济各部门的影响进行了评估测算。例如，陈雯（2012）将水污染排放模块引入动态可计算一般均衡模型（MCHUGE）中，以造纸业为例，建立了水污染税数据

---

① 马红波：《浅析我国水资源税的开征》，硕士学位论文，中国人民大学，2008 年。

② 高萍、樊勇：《我国污染排放税设立的必要性与制度设计》，《税务研究》2009 年第 4 期。

③ 司言武、全意波：《我国水污染税税率设计研究》，《涉外税务》2010 年第 11 期。

④ 司言武、全意波：《我国水污染税税率设计研究：以工业废水为例》，《经济理论与经济管理》2009 年第 6 期。

⑤ 司言武、全意波：《水污染税税率设计探讨：以城市生活污水为例》，《经济论坛》2009 年第 7 期。

⑥ 彭定赟、肖加元：《俄、荷、德三国水资源税实践——兼论我国水资源税费改革》，《涉外税务》2013 年第 4 期。

⑦ 贾琳琳：《我国开征水污染税的制度研究》，硕士学位论文，河北经贸大学，2013 年。

库，并基于 2005—2010 年的现实数据，对我国未来宏观经济状况进行预测。① 陈雯、肖皓等（2012）通过借鉴国外水污染税的先进做法，以湖南省为例，构建了征收水污染税的基本框架，并利用 CGE 模型对开征水污染税后对宏观经济、产业结构、污染减排等方面的影响进行评估，其结果表明从长期来看，开征水污染税对宏观经济的负面影响较大，但污染减排效果显著。②

（三）工业废水污染控制相关研究

作为我国水环境污染的主要来源之一，工业废水污染排放成为我国亟待解决的环境综合治理重要问题之一。学术界关于工业废水污染治理问题的讨论，一部分集中在制度建设层面，例如，邢素芳（2014）对我国工业废水污染治理状况进行了总结概括。③ 吕建华、王芮（2014）探讨了我国工业废水污染补偿制度中存在的不足之处，提出优先赔付的概念，认为应当通过构建污染评价制度，提高工业废水污染补偿监管力度，实现群众利益最大化。④

但更多学者将讨论热点集中在治污技术层面，例如陈旭升、范德成（2009）利用熵权法对工业废水中不同污染物对环境的影响程度进行测算，并对我国不同地区的工业废水污染状况进行划分，通过选取能够代表工业废水治理效率的投入产出指标，使用 Malmquist 指数确定工业废水治理效率变化趋势，并有针对性地给出了工业废水污染治理建议。⑤ 石风光（2014）利用三阶段 DEA 模型以及 2012 年工业废水相关数据对我国污染治理效率进行测评，其结果表明，在排除环境以及随机因素后我国的治污效率偏低，而规模无效率是其主要原因。

① 陈雯：《中国水污染治理的动态 CGE 模型构建与政策评估研究》，博士学位论文，湖南大学，2012 年。

② 陈雯、肖皓、祝树金、闵娟：《湖南水污染税的税制设计及征收效应的一般均衡分析》，《财经理论与实践》（双月刊）2012 年第 175 期。

③ 邢素芳：《我国工业水污染综合治理现状》，《旅游纵览》（下半月）2014 年第 9 期。

④ 吕建华、王芮：《对我国工业废水污染补偿问题的探究》，《法制博览》2014 年第 11 期。

⑤ 陈旭升、范德成：《中国工业水污染状况及其治理效率实证研究》，《统计与信息论坛》2009 年第 3 期。

此外，在治污效率方面，我国不同地区间同样表现出东部省份优于中西部地区的现象。[①] 张伟等（2006）以四川省为例，对我国主要工业行业经济贡献率和污染状况进行分析，并以污染排放强度为对象，在全国范围内进行横向比较，得出了四川省支柱产业经济效益不佳、水污染现象严重、产业结构不合理的结论。[②] 全玉莲等（2008）利用1996 年至 2005 年相关数据对工业废水排放量与单位 GDP 水污染治理投资进行回归分析，发现二者之间存在负相关关系，认为只有增加单位 GDP 废水治污投资力度，才能达到有效控制工业废水污染排放的目的。[③] 王丽琼、张江山（2004）利用计量方法对工业废水污染与可能造成的经济损失之间的关系进行分析，发现工业废水排放量及污染物浓度是导致经济损失的重要因素。[④] 杨志峰、程红光（2002）以决策模型为核心，将水污染排放模型、水环境质量模型以及水污染损失模型整合在工业水污染控制模拟系统中，以呼和浩特市为例进行分析，给出了环境治理相关建议。[⑤] 这些研究为提高我国工业废水治污效果提供了坚实的基础。

第三节 研究方法、技术路线及章节结构

一 研究方法

研究方法的选择与确定取决于研究对象的性质和研究目的。工业废水污染治理与开征水污染税问题具有多学科交叉特点，兼具环境、

---

① 石风光：《中国地区工业水污染治理效率研究——基于三阶段 DEA 方法》，《华东经济管理》2014 年第 8 期。

② 张伟、姚建、尹怡众、王燕：《四川省工业结构的水污染效应及对策分析》，《资源开发与市场》2006 年第 6 期。

③ 全玉莲、郭慧玲、梁红、石碧清、张雪花：《水污染治理投资与工业废水排放的关系研究》，《节水灌溉》2008 年第 6 期。

④ 王丽琼、张江山：《工业水污染损失的经济计量模型》，《云南环境科学》2004 年第 1 期。

⑤ 杨志峰、程红光：《城市工业水污染控制模拟系统的模型体系》，《环境科学学报》2002 年第 2 期。

经济等学科导向。本书主要利用 CGE 模型的数值模拟方法对我国开征水污染税的经济影响进行模拟研究，因此，本书的研究方法主要涉及比较分析法、CGE 模型模拟分析法以及驱动因素分析法等。

（一）比较分析法

本书通过横向国际比较与纵向历史分析相结合的方法，在详细阐述我国现行排污收费制度的历史变迁过程和政策要点的基础上，对发达国家在水污染治理方面的典型做法进行归纳总结并予以借鉴，结合我国当前实际情况，探讨科学、合理、可行的水污染税政策。

（二）CGE 模型模拟分析法

在政策评估部分，本书主要采用 CGE 模型进行研究，其主要原因在于 CGE 模型在处理环境系统和经济系统之间关系方面具有突出优势，能够很好地模拟政策与管理措施的实施对经济主体的影响。

（三）驱动因素分析法

对数平均迪氏指数法（Logarithmic Mean Divisia Index，LMDI）主要利用分解方法对开征水污染税之后不同因素在工业废水污染减排过程中的贡献程度进行分析，探求工业废水减排的内在动因。

二　研究思路与技术路线

本书以构建中国工业废水污染治理税收制度为研究主线，主要按照"提出问题—分析问题—解决问题"的思路展开研究，具体的技术路线如图 1-1 所示。

本书主要回答以下问题：一是我国目前工业废水污染情况如何？治理政策是什么？二是当前工业废水污染治理政策有何不足之处？如何改进？三是如果推行水污染税应当怎样设计方案？不同方案的征收水平、治污效果以及对宏观经济的影响如何？为更好地回答上述问题，本书首先利用 Logistic 模型估算工业水污染税率水平，构建环境 CGE 模型，以及编制该模型的数据基础——ESAM，并对传统 SAM 进行扩展，详细划分工业废水污染治理部门，并将环境因素引入其中，在此基础上构建包含工业废水污染治理模块的 CGE 模型，对拟开征的水污染税进行政策模拟分析，并结合 LMDI 方法，对工业废水污染治理的主要驱动因素进行分解分析，最后根据我国实际情况给出了合理化建议。

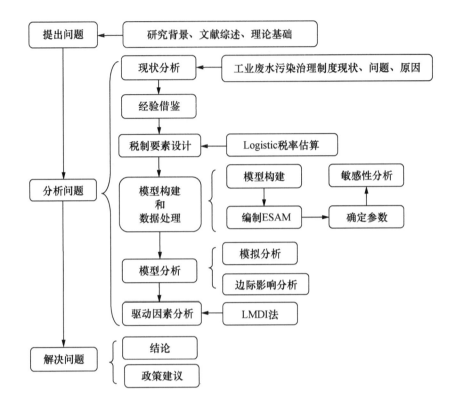

图 1-1　本书技术路线

三　章节结构

本书以中国工业废水污染治理的财税政策为研究对象，在对水污染现行治理政策进行梳理与分析的基础上，对国外典型国家在水污染治理方面的相关做法进行介绍与学习，结合我国实际情况对水污染税的税制要素进行设计，并以环境 CGE 模型为分析工具，对开征水污染税之后的宏观经济影响进行模拟研究，并利用 LMDI 方法对模拟情景的减排效果进行因素分析。最后，依据模型分析结果对中国未来与水污染相关的财税政策的构建提出建议。

全书共分为九章

第一章是绪论，介绍了本书研究的背景和意义，在对国内外研究现状进行综合归纳的基础上，阐明本书的研究思路和研究方法，同时指出本书的创新与不足。

第二章对水污染治理问题相关概念及财税理论进行综述，为后续分析奠定理论基础。

第三章对中国现行工业废水污染治理的财税政策进行阐述，并对不足之处进行分析，最后找出存在问题的原因。

第四章介绍了国外典型国家在水污染治理方面的先进做法，并总结了对我国的启示。

第五章结合中国当前实际情况对工业废水污染治理税制要素进行设计，包括纳税人、计税依据的确定、税率设计以及税收优惠政策等方面，并且以 Logistic 模型为基础，对我国工业水污染税的适用税率进行估算。

第六章构建了包含工业水污染税收政策的 CGE 模型，并对嵌入工业水污染税的环境社会核算矩阵（ESAM）进行了编制与平衡。

第七章以中国现行的工业废水污染治理财税政策为基准情景，对征收工业废水污染税的模拟情景进行分析，并对宏观变量的边际贡献进行分析。

第八章利用 LMDI 方法对工业水污染税收背景下的水体污染物削减状况进行驱动因素分析。

第九章是政策建议，根据本书所构建的 CGE 模型的分析结果，对中国未来可能实施的工业废水污染治理财税政策提供合理化建议。

第四节　主要创新与不足

一　创新之处

首先，本书对工业水污染税的最适税率水平进行估算，为水污染治理提供了可参考的财税方案。目前，我国尚未推行水污染税及其他财税治理政策，本书通过梳理、介绍典型国家在水污染治理方面的先进做法，以 Logistic 模型为基础，对工业水污染税的最优税率水平进行估算，为工业水污染税的开征提供了可参考的方案。

其次，本书利用 CGE 模型以及边际影响分析方法，对我国开征工业水污染税之后对宏观经济的可能影响以及边际损失进行分析。本书将工业水污染治理活动和工业水污染治理服务引入 ESAM 中，构建包含工业水污染治理模块的环境 CGE 模型，系统地评估了水污染治理的财税政策实施后对经济的整体影响，具体包括对 GDP 的影响、对污染减排效果的影响、对产业结构的影响、对贸易结构的影响、对收入分配的影响等众多方面，并在此基础上，进一步利用边际影响分析方法对工业水污染税引起的边际产出损失以及边际贸易损失进行分析，较为全面地揭示了开征新税种对我国经济的整体影响。

最后，本书利用 LMDI 方法对工业水污染税的污染物减排的驱动因素进行分解分析，找出其主导因素，为环境经济政策的完善提供参考，具有一定的研究前沿性。

二　不足之处

首先，本书对 CGE 模型的构建与 ESAM 的编制方面进行了一定程度的简化。工业废水污染治理是一项涉及范围极广的工程，可从不同学科角度进行分析研究，要求研究人员具备综合且全面的学科知识，并需要有大量的数据加以支持。由于数据有限的可获得性，本书在构建 ESAM 处理模型的过程中，简化了对经济部门的分类划分，在日后的研究中可对其进行深入研究。

其次，本书从全国角度开展研究，研究区域有待细化，且研究重点主要集中在工业水污染税方面，日后可进行更进一步的研究。本书从国家层面上开展研究，而事实上，我国不同区域均有不同程度的水污染事件发生，可以以省份或者流域为单位，进行更为细致的研究。同时，在今后的研究中还可将污染治理政策手段进行丰富，从多角度考虑治污成本与治污效果。

第二章 工业废水污染治理问题相关概念及财税理论基础

第一节 相关概念界定

一 工业废水

（一）工业废水的概念与分类

近年来，随着我国工业化程度的不断提高，工业活动逐渐成为造成水体污染的重要原因。而工业源水体污染物排放量与种类不断增加的直接后果便是工业活动对生态环境造成的负面影响日益加重。2012 年，我国工业废水排放量在废水排放总量中占比 32.3%，其中化学需氧排放量为 338.5 万吨，氨氮排放量为 26.4 万吨，工业活动逐渐成为仅次于城镇生活的第二大水体污染源。

工业废水是产生于工业生产过程中，主要包含着生产中流失的工业生产用料、中间产物、副产品以及污染物的废水和废液，其产生方式主要包括生产原料、产成品或者副产品过程中的泄漏，原料中杂质的剔除，废水处理过程中因偶然事件造成的输送管道泄漏等，还包括部分未经处理直接排放的废水。总的来说，工业废水由两部分组成，一部分是生产废水，即形成于生产过程中，但并未直接参与生产工艺，未被生产原料、半成品或者产成品污染，也包括因生产过程造成的温度稍有上升的水；另一部分是生产污水，即生产过程中形成的，被生产原料、半成品、产成品等污染，或者因生产过程所致水温高于60℃的水。[①]

通常，可以按照不同分类标准对工业废水进行划分。

第一种划分方法是按照工业废水中所含有污染物的化学性质进行分类。例如，将电力、矿山等部门产生的，主要包含无机污染物的工业废水归为无机废水，将造纸、食品等行业产生的，主要包含有机污染物的工业废水归为有机废水。

第二种划分方法是按照工业企业的产品和加工对象进行分类。例如冶金废水、造纸废水、印染废水、制革废水等。

第三种划分方法是按照废水中所包含的污染物主要成分进行分类。例如酸性废水、碱性废水以及放射性废水等。

（二）工业废水及主要污染物排放情况[②]

1. 工业废水行业排放情况

一直以来，造纸、化工、纺织等行业都是环保部门在废水排放方面需要重点监测的对象。通常来说，上述行业的工业废水排放量之和在工业废水排放总量中占比为50%左右。据2012年的《环境统计年报》显示，造纸和纸制品业、化学原料和化学制品制造业、纺织业以及农副食品加工业四个行业的工业废水排放总量达到101.1亿吨，占当年重点调查行业全部工业废水排放量的49.7%（见图2-1）。其中，造纸和纸制品业、化学原料及化学制品制造业的废水排放量最大，分别为34.3亿吨和27.4亿吨。

具体地，对于造纸和纸制品业而言，2012年工业废水排放量排名前五位的省份依次为浙江、广东、山东、河北以及河南；对于化学原料和化学制品制造业而言，废水排放量位居前五名的省份依次为江苏、山东、湖北、河南和浙江；对于纺织业而言，废水排放量位居前五名的省份依次为江苏、浙江、广东、山东和福建；对于农副食品加工业而言，废水排放量位居前五位的省份依次为广西、山东、云南、河南和河北。山东、广东、浙江等省份的上述行业成为

① 曹雨欣：《工业污废水处理分析及治理》，《科技信息》2011年第16期。
② 中华人民共和国环境保护部：《2012年环境统计年报》，2013年。

重点监控对象。

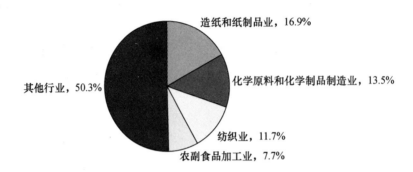

图 2 - 1 2012 年我国重点行业工业废水排放情况

2. 工业废水地区排放情况

工业废水排放量与工业活动、经济发展水平以及人口比重等因素密切相关。因此，工业废水地区排放情况与我国区域经济发展状况较为一致。如图 2 - 2 所示，2012 年在全国 31 个省（自治区、直辖市）中，废水排放量超过 30 亿吨的省份有 7 个，均位于经济发达或较为发达地区，分别是广东、江苏、山东、浙江、河南、河北以及湖南。上述 7 省废水排放总量为 335.1 亿吨，占当年全国废水排放总量的 48.9%。仅就工业废水排放量而言，江苏、广东以及山东三省排放量最高，分别占全国工业废水排放总量的 10.7%、8.4% 以及 8.3%，而青海、海南、西藏三省区排放量最低，在全国工业废水排放总量中占比仅为 0.4%、0.34% 以及 0.016%。

3. 工业废水主要污染物排放情况

近年来，随着我国污染治理力度的加大，主要污染物总量减排工作扎实推进，污染防治取得新进展。但是，总体而言，我国环境形势依然严峻，污染治理工作任务依然艰巨。

（1）工业来源化学需氧量及氨氮排放情况。化学需氧量及氨氮是水体中的主要污染物。由图 2 - 3 可知，自 2001 年以来，工业废水中化学需氧量含量呈现出连年下降的趋势，由 2001 年的 607.5 万吨下降至 2012 年的 338.5 万吨，年均减少约 4.9%。与此同时，工

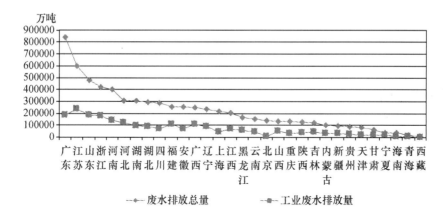

图 2 - 2 2012 年全国各省（自治区、直辖市）废水排放情况

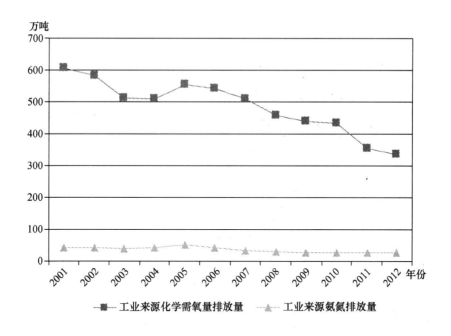

图 2 - 3 2001—2012 年全国工业废水主要污染物排放情况

业废水中氨氮排放量也在逐年降低。2001 年工业废水氨氮排放量为 41.3 万吨，而 2012 年该数据降为 26.4 万吨，年均减排 3.3%。

（2）工业来源重金属污染物排放情况。由图 2 - 4 可知，近年来我国工业废水中重金属污染物排放量连年下降，其中砷和铅降幅最为明显，分别由 2001 年的 408.4 万吨和 489.9 万吨，下降至2012 年的 127.2 万吨和 97.1 万吨，年均降幅分别达到 12% 和6.4%。此外，工业废水中其余重金属污染物排放量也有不同程度的降低，污染治理工作成效显著。

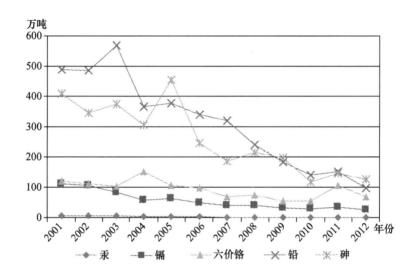

图 2 - 4　2001—2012 年全国工业废水重金属排放情况

二　工业废水污染治理

概括地说，工业废水污染治理是指将工业生产过程中所使用过的水进行适当处理，使其达到回用于生产的标准或者妥善地排放出厂。

近年来，随着我国水污染治理工作的深入推进，对工业废水的治理力度在不断地提高。在国务院印发的《全国资源型城市可持续发展规划（2013—2020 年）》（以下简称《规划》）中明确要求，截止到 2015 年，城市水功能区的主要水质达标率不应低于其所在省份的平均水平，到 2020 年，全国工业废水排放应当实现完全达标。同时《规划》还指出，应当加快现有污水处理厂的升级改造进程，提高工业用水效率，到 2020 年矿业用水复用率至少应当达到 90%。此外，国务院还加大了对企业废水排放的排查力度，对利用渗井、渗坑、裂隙、溶洞排放、倾倒有毒污染废水的违法行为严肃查处，对污水处理问题进一步提出明确要求。

在提高环境保护工作要求与标准的同时，国家用于环境保护方面的投资也在不断增加。2012 年，国家用于环境保护方面的中央投资达到 698 亿元，专项用于支持环境基础设施和环境监管能力建设。其中，中央预算内投资安排 332 亿元，主要用于重点流域水污染防治、重点工业污染治理项目等环保工程。

表 2-1 列出了自 2001 年以来我国在环境污染治理方面的投资情况。由表 2-1 可知，12 年来我国环境污染治理投资力度连年上升，其中环境污染治理总投资的年均增长额为 590.57 亿元，工业污染源治理投资年均增长额为 27.17 亿元，工业废水治理投资年均增长额为 5.62 亿元，使 2012 年的相应投资额分别是 2001 年的 7 倍、2.87 倍以及 1.92 倍。同时，环境污染治理投资在 GDP 中的占比也在逐年上升，由 2001 年的 1.06% 上升至 2012 年的 1.59%。

表 2-1　　全国环境污染治理投资情况（2001—2012 年）　单位：亿元

年份	环境污染治理投资总额	工业污染源治理投资	工业废水治理投资	环境污染治理投资占 GDP 比重（%）
2001	1166.7	174.5	72.9	1.06
2002	1456.5	188.4	71.5	1.21
2003	1750.1	221.8	87.4	1.29
2004	2057.5	308.1	105.6	1.29
2005	2565.2	458.2	133.7	1.39
2006	2779.5	483.9	151.1	1.28
2007	3668.8	552.4	196.1	1.38

续表

年份	环境污染治理 投资总额	工业污染源 治理投资	工业废水 治理投资	环境污染治理 投资占 GDP 比重(%)
2008	4937.0	542.6	194.6	1.57
2009	5258.4	442.6	149.5	1.54
2010	7612.2	397.0	129.6	1.90
2011	7114.0	444.4	157.7	1.50
2012	8253.5	500.5	140.3	1.59

资料来源:《中国环境统计年鉴》(2013)。

分地区来看,2012 年除天津、重庆、上海、广东和西藏外,其余省(自治区、直辖市)在污染治理方面投资较上年均有所增加,15 个地区环境污染治理投资在地区生产总值中的占比超过 1.5%,其中,山东、江苏、山西三省治污投资力度最大,分别为 670633 万元、390144 万元以及 323269 万元,而上海、吉林、河南、湖南、广东、四川、西藏 7 个地区环境污染治理投资总额在地区生产总值中的占比较低,均未超过 1%。

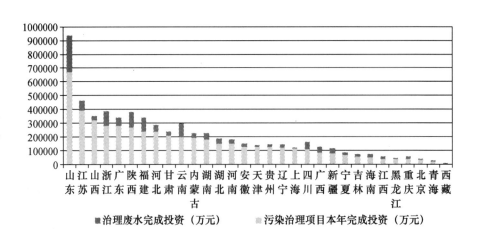

图 2-5   2012 年全国各省(自治区、直辖市)工业污染治理投资完成情况

三　水污染税

水污染税是指当水体因某种物质的介入，致使其在化学、物理等方面产生变化，对水的有效利用以及人体健康、生态环境均造成不良影响时，为防止水质恶化、保护水资源环境所征收的税收。这种税收主要针对由于生产活动和日常生活对水资源造成的污染进行征收。事实上，可将对水污染征税视为将污染所造成的环境成本、社会成本内在化为排污者的生产成本的经济手段，这种手段能够有效利用市场机制对环境资源进行优化配置，从而达到利用税收的杠杆作用实现控制污染、筹集治污资金的目的，在筹集水环境保护专项收入方面具有不可替代的作用。[①] 由于我国目前仍然实行的是排污收费制度，因此，水污染税的开征必然伴随着排污收费制度改革的进行。

第二节　理论基础

一　外部性理论

外部性理论是由 20 世纪初著名经济学家马歇尔提出的。庇古对外部性的解释是"当 A 对 B 提供劳务时，往往使其他人获得利益或者受到损害，可是 A 并未从受益人那里取得报酬，也不必向受损害者支付任何补偿"。[②] 目前，多数学者将外部性概括为"某个微观经济主体所从事的经济活动对其他微观经济主体产生了影响，而该影响并未通过市场价格机制予以反映"，即某个微观经济主体的经济活动对其他微观经济主体产生了影响，但并未就此支付成本费用或者获得相应的补偿。外部性可以使用数学语言加以描述，即某经济主体的福利函数的自变量中包含了他人的行为，而该经济主体又没

---

① 贾琳琳：《我国开征水污染税的制度研究》，硕士学位论文，河北经贸大学，2013 年。

② 邢福俊：《中国水环境的改善与城市经济发展》，博士学位论文，东北财经大学，2002 年。

有向他人提供报酬或者索取补偿。

$$F_j = F_j(X_{1j}, X_{2j}, \cdots, X_{nj}, X_{mk}) \quad j \neq k \qquad (2.1)$$

其中，j 和 k 是不同个人或厂商，F_j 是 j 的福利函数，X_i（$i = 1$，2，$\cdots$，n，m）是指经济活动。上述函数表示当某个经济主体的福利（F_j）除了受到自身经济活动（X_i）的影响之外，还同时受到另外一个经济主体（k）的经济活动（X_m）影响，那么，外部效应就是存在的。[1]

外部性可进一步细分为正外部性和负外部性。正外部性是指微观经济主体的经济活动对第三方产生良好的正向影响，使第三方从中获益，但该活动的主体并未获得相应的报酬。此时，微观经济主体的私人成本超过社会成本，从社会角度来看，社会是受益者。负外部性是指微观主体的经济活动对第三方造成不良影响，而该活动的主体并未因此而支付任何补偿。因此，对于产生负外部性的微观经济主体而言，其私人成本要小于社会成本。综上，外部性的存在会使私人边际成本、私人边际效益和社会边际成本、社会边际效益不相等。当微观经济主体出于自身经济利益的考虑，忽视由于外部性问题而对第三方造成的影响时，便会出现资源错配的现象，不利于社会福利最大化的实现。[2]

环境污染是典型的负外部性行为，其具体表现为环境质量恶化、生态环境退化、疾病发生率上升等。环境污染的负外部性产生原因，究其根本在于存在微观经济主体成本社会化问题，即排污者排放污染物的成本部分或者全部由社会承担，而微观经济主体独享经济收益。由于存在成本转嫁的可能性，微观经济主体在经济利益的驱动之下，缺乏治理污染、保护环境的自觉性，在自我约束丧失的背景下，自然资源不合理配置、环境污染等众多问题相继产生。[3]

---

① 张颖：《中国流域水污染规制研究》，博士学位论文，辽宁大学，2013 年。

② 贾琳琳：《我国开征水污染税的制度研究》，硕士学位论文，河北经贸大学，2013 年。

③ 刘厚莲：《排污权交易市场创建研究——以江西为例》，硕士学位论文，江西财经大学，2012 年。

而当排污量最终超过生态环境的承载范围时，环境退化问题便凸显而出，社会成本不断攀升，最终远高于微观经济主体的私人成本。[①]

图 2-6 给出了环境污染的负外部性的经济学解释。以环境污染为代表的负外部性活动在一定程度将成本强加给社会，而微观经济主体在确定经济活动水平时仍然遵循私人边际成本与私人边际收益相等的原则。但事实上，由于部分成本由他人承担，负外部性活动微观主体所考虑的私人边际成本明显低于社会边际成本。在这种情况下，势必会提高此类活动水平，造成资源错配的后果。[②] 如图 2-6 所示，由环境污染所引起的负外部性使私人边际成本 MPC 小于社会边际成本 MSC，厂商按照私人边际成本 MPC 与边际收益 MB 相等的原则所确定的产量 Q_E 要高于按照社会福利最大化原则，即社会边际成本 MSC 与边际收益 MB 相等的原则所确定的产量 Q_1，此时污染产品过度生产，排污量超过环境容量，造成资源无节制过度使用，环境质量不断恶化等诸多不良后果。[③]

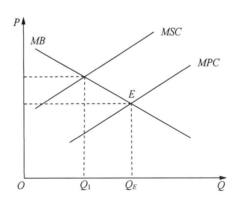

图 2-6　环境污染负外部性

①　杨展里：《水污染物排放权交易技术方法研究》，博士学位论文，河海大学，2001 年。

②　刘溶沧、赵志耘：《中国财政理论前沿》（Ⅱ），社会科学文献出版社 2001 年版，第 47—48 页。

③　韩旭：《我国工业废水排放量与经济增长关系的实证研究》，硕士学位论文，西南财经大学，2009 年。

　　相应地，环境保护工作具有很强的正外部性，而正外部性所产生的收益具有典型的非排他性，使得具有该特征的经济活动处于市场价格体系之外。由于带来收益的经济活动并没能就外溢收益部分获得应有的补偿，而所产生的成本却需要经济活动主体独自承担，因此，微观主体在决定经济活动时便将这部分外溢的收益排除在外，仅仅按照私人边际成本和私人边际收益衡量结果决定活动水平与范围。由于微观经济主体不能得到经济活动正外部性所带来的全部收益，在确定经济活动水平时势必会减少此类活动，从全社会角度来看，很难获得帕累托最优结果。①

　　图2-7给出了环境保护工作的正外部性示意图。如图2-7所示，环境保护工作所具有的正外部性使得社会边际收益 MSB 大于私人边际收益 MPB。微观经济主体按照边际成本 MC 等于私人边际收益 MPB 的原则所确定的均衡产量 Q_E 明显低于社会福利最大化所需要的产量 Q_1，进而产生具有正外部性的经济活动供给不足的问题。②

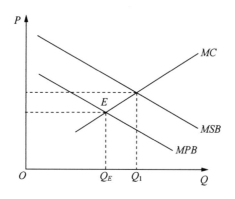

图2-7　环境保护的正外部性

　　综上，正外部性会促使经济活动不足，而负外部性会使经济活

---

　　① 刘溶沧、赵志耘：《中国财政理论前沿》（Ⅱ），社会科学文献出版社 2001 年版，第47—48 页。

　　② 韩旭：《我国工业废水排放量与经济增长关系的实证研究》，硕士学位论文，西南财经大学，2009 年。

动过度。就环境问题而言，负外部性问题催生了过度排污现象，而正外部性又造成了环境保护工作供给不足的问题。不论哪种结果都无法达到资源有效配置要求，而在二者的共同作用下，污染随意排放、环保治理缺位等问题将日益严重，其结果必然导致自然资源过度开采、生态环境恶化等不良后果。因此，政府部门有必要采取一定措施加以干预。

一般地，外部性问题内部化的过程是对在竞争性市场体系中无须支付的私人成本给出定价，使经济活动主体的私人成本与社会成本相适应。具体而言，正外部性内部化是将外部边际效益累加到私人边际效益之中，以保证经济活动的全部社会效益得以体现；负外部性内部化是将外部边际成本累加至私人边际成本之中，以保证经济活动的全部社会成本得以体现。[①] 对于具有正外部性的经济活动，政府部门通常采取鼓励措施，例如财政补贴等，以保障经济活动主体能够就外溢收益获得相应补偿；而对于具有负外部性的经济活动，政府部门通常采取矫正性措施加以控制，例如征收税收，以保证经济活动主体承担全部活动成本。[②]

二　公共物品理论

（一）公共物品概述

曼昆以排他性和竞争性为划分依据，对经济环境中的物品进行归类，得到四类物品，分别是同时具有竞争性和排他性的私人物品、具有非竞争性和排他性的自然垄断物品、具有竞争性和非排他性的自然环境以及同时具有非竞争性和非排他性的公共物品。[③]

公共物品是相对于私人物品而提出的，是指由政府部门提供的，用以满足社会公共需求的产品和劳务。公共物品最显著的特征是非

---

① 贾琳琳：《我国开征水污染税的制度研究》，硕士学位论文，河北经贸大学，2013 年。

② 刘溶沧、赵志耘：《中国财政理论前沿》（Ⅱ），社会科学文献出版社 2001 年版，第 48 页。

③ 韩旭：《我国工业废水排放量与经济增长关系的实证研究》，硕士学位论文，西南财经大学，2009 年。

竞争性和非排他性。所谓非竞争性是指市场经济条件下，增加一个消费者所引起的边际成本为零，此时市场难以利用价格信号对资源进行配置。公共物品的非竞争性主要来源于公共物品的不可分割性。所谓非排他性是指在对公共物品的消费过程中，难以将未支付费用的消费者排除在外，即不论是否付费，消费者均能够享受到该公共物品所带来的好处。公共物品的非排他性表现为技术上无法排他或者排他成本过高。公共物品的上述性质会降低私人部门主动供给的积极性，并且消费者也不会自愿付费享用公共物品，在二者的共同作用之下，市场供应公共物品的可能性大大降低，只能依靠政府部门介入，弥补市场缺陷，这便是政府部门提供公共物品的基本依据。①

公共物品可从不同角度进行分类。一是按照特征进行划分。公共物品通常可分为纯公共物品、俱乐部产品以及可收费公共资源产品。俱乐部产品是指具有排他性，但是在一定限度内为非竞争的产品，通常由政府部门或者私人提供。可收费公共资源产品是指不具备非竞争性，但是具有非排他性特征的产品，由政府部门提供、管制并调节。二是按照是否具有外在物质表现形式进行划分。通常，用来满足人们物质消费需求的公共物品具有明显的外在物质表现形式，公共物品自身的物质性使用价值供人们消费，基础设施是最为典型的例子。用来满足人们精神消费需求的公共物品通常不具有外在物质表现形式，对于这类公共物品而言，消费与生产过程是同时进行的，例如国防、教育等是最为典型的该类公共物品。三是按照公共物品与社会经济的联系程度进行划分。根据这一划分原则，公共物品通常可以分为生产资料和消费资料，前者能够保证社会经济活动以较为低廉的成本进行运行。需要特别说明的是，同一项公共物品可以同时是消费资料和生产资料。四是按照受益范围大小进行划分。通常将消费受到区域限制，主要由当地居民享用的公共物品

---

① 刘溶沧、赵志耘：《中国财政理论前沿》（Ⅱ），社会科学文献出版社 2001 年版，第 46 页。

视为地方性公共物品，将全国公民共同享用的公共物品视为全国性公共物品，将跨国界并且由一定区域内的国家公民共同享用的公共物品视为地区性公共物品，将所有国家公民共同受益的公共物品视为国际性公共物品。[①]

需要特别说明的是，对公共物品"公共"的界定并不是由该物品是由私人提供还是公共部门提供决定，而是由受益对象的范围决定，即在某一时刻，只能由某一个人受益的产品是私人产品，而能够由多人同时受益的产品是公共物品。[②]

就环境问题而言，一方面，从本质上讲污水处理服务属于纯公共物品。因为良好的水资源环境是所有人皆可享受到的，很难做到排他，同时也不具有竞争性，这势必会造成私人部门不愿主动提供治污服务的局面。另一方面，由于自然资源同时具有的竞争性和非排他性两种特点，这又会驱使理性的经济人竭尽全力抢先获取自然资源。污染治理工作不到位与过度开采资源两者的共同作用结果极有可能是自然资源的枯竭和生态环境的破坏。因此，环境相关工作需要政府部门出面进行推进，以保证经济、社会、自然的全面协调发展。

（二）公共物品的利益分配[③]

在利益分配问题上，纯公共物品与拥挤性公共物品存在一定的差异。拥挤性公共物品是指随着使用者人数的增加，每个消费者从该公共物品中获得的收益在随之下降。但是，同一项公共物品，可能有时是纯公共物品，有时是拥挤性公共物品。例如，高速公路在非高峰时段是典型的公用物品，而随着节假日的到来，当使用者激增时，便会出现车流高峰和拥堵现象，此时的高速公路便变成拥挤性公共物品。

公共物品的收益问题可用数学表达式进行表示。当 n 个人从数

---

①　贾海彦：《公共品供给中的政府经济行为分析——一个理论分析框架及在中国的应用》，经济科学出版社 2008 年版，第 24 页。

②　阿耶·L. 希尔曼：《公共财政与公共政策》，中国社会科学出版社 2006 年版，第 57 页。

③　同上书，第 58—59 页。

量为 G 的一项公共物品中获取收益时，每个人所获得的收益是相同的，即：

$$G_1 = G_2 = \cdots = G_n = G \qquad\qquad (2.2)$$

上述表达式对于纯公共物品和拥挤性公共物品均适用。具体地，纯公共物品和拥挤性公共物品的利益分配问题可分别用图形加以表示。

如图 2-8 所示，对于纯公共物品而言，不论使用者数量多少，均可平等地享用、获益，每个人所获得的收益是不变的。

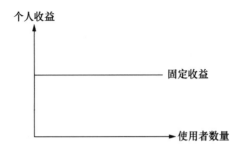

图 2-8 纯公共物品的利益分配

图 2-9 显示了拥挤性公共物品的利益分配问题。当使用者数量在 N_1 以下时，该项公共物品是纯公共物品，当超过 N_1 时，开始出现拥挤状况，个人收益开始下降。当使用者数量继续增加，达到 N_2 时，该项公共物品的收益变成负值。

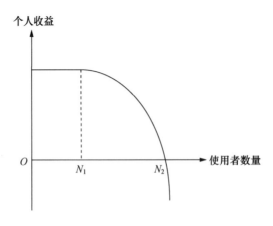

图 2-9 受拥挤影响的公共物品的利益分配

需要说明的是，当一项公共物品存在拥挤问题时，虽然每个人获得的服务质量和水平会随人数的上升而下降，但每个消费者所获得的服务水平仍然相同。

三　庇古税理论[①]

所谓"庇古税"是指政府部门以排污者对社会产生的外部成本为标准所征收的税收，这种税收能够很好地解决私人成本和社会成本之间存在差异的问题。

英国经济学家查尔斯·庇古在《福利经济学》中提出应当利用税收或者补贴的方式对交易双方的行为进行矫正，敦促他们对自身行为给他人所带来的影响进行思考。庇古认为，完全依靠市场机制对资源进行优化配置，进而获得帕累托最优是不可能的，私人边际纯产值和社会边际纯产值之间是存在差异的，如果想要实现社会福利最大化，政府干预是十分必要的。

图 2－10 就污染排放的负外部性问题进行描述，图中市场需求为 D，私人成本所决定的竞争性市场供给是 $\sum MPC$，包含环境损失在内的生产边际成本是 $\sum MSC$。而私人边际成本与社会边际成本之间的差距便是每增加一个单位的产量所产生的负外部性所带来的社会损失，且这个差距随着产量的增加而不断扩大，即产量越高，边际环境损失越大。

当生产决策依据私人边际成本制定，竞争性市场均衡点是图中 F 点，从社会效率角度看，E 点是最优点。因此，需要将产量从 Q_2 减少至 Q_1。在减产过程中，社会效率增加量由区域 GEF 表示。当微观经济主体不愿主动实现社会效率增加时，政府部门可以利用税收或者补贴使市场均衡点从 F 点移动至 E 点。

以征税为例，政府部门将税收征收水平定为社会最优产量 Q_1 点上社会边际成本与私人边际成本之差，即：

---

① 阿耶·L. 希尔曼：《公共财政与公共政策》，中国社会科学出版社 2006 年版，第 237—240 页。

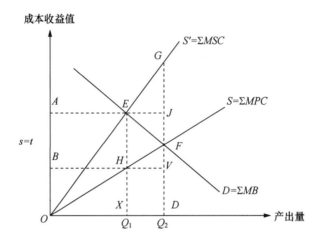

图 2 - 10　利用庇古税矫正负外部性

$$t = \sum MSC(Q_1) - \sum MPC(Q_1) \tag{2.3}$$

由于税收 t 是对达到 Q_1 的每单位产量征收，因此，总税收价值为 $ABHE$。由于税收的存在，使得微观经济主体意识到社会成本的存在，刺激其改变行为方式。在矫正负外部性的税收开征之后，微观经济主体会将全部成本纳入考虑范围之中，供给曲线变为图 2 - 10 中的 S'，获得最优产量 Q_1。

此外，补贴也能够起到与征税相同的作用，但是作用机理不同。事实上，补贴是政府通过向每单位产量提供一定补贴以达到降低产量的目的，即：

$$s = \sum MSC(Q_1) - \sum MPC(Q_1) \tag{2.4}$$

当产量超过最优产量 Q_1 时，政府部门会对降低的每一单位产量进行补贴。总补贴为图中 $EJVH$ 所示面积。

综上，征税与补贴实际上是具有等同效果的。对于征税而言，生产者制定生产决策时，会依据市场价格等于私人边际成本与税收之和的原则确定产量，即：

$$P = MC_j + t \quad j = 1, \cdots, m \tag{2.5}$$

其中，MC_j 表示不同生产者不同的边际成本。另外，可将 t 视作因实施公共政策而增加的额外成本。

对于补贴而言，生产者的决策依据如下公式加以制定：

$$P = MC_j + s \quad j = 1, \cdots, m \tag{2.6}$$

其中，s 同样可被视作因实施公共政策而增加的额外成本。

综上，从生产者角度来看，矫正性庇古税与庇古补贴是相同的。但是，在具体实施过程中，庇古税面临着如何确定最优税率和由谁来缴税两大难题。对此，科斯从三个方面提出了批判：一是外部性问题往往存在交叉影响效应，而绝非一方对另一方的单向侵害；二是当交易费用为零时，庇古税便失去了其存在的必要性；三是当交易费用不为零时，将外部性问题内部化的途径应当遵从比较不同的政策手段的成本与收益的原则加以确定。[①]

四　资源地租理论

资源地租是指自然资源的所有者依据其自身拥有的自然资源产权以及对自然资源利用的排他性，向自然资源使用者所收取的收益。因此，可以理解为任何形式的地租都是所有权在经济上的实现，其本质在于超额剩余价值的转化。从理论上说，资源地租以资源价格与资源边际成本之间的差额的形式而存在，而从实际角度而言，资源地租通常以协商、竞标等方式加以确定。[②]

资源地租同样分为绝对地租和级差地租两部分内容。对于自然资源而言，其所有者是国家，其经营者则是具有合法经营资格的独立法人实体，这种所有权与经营权分离的现象，使得所有者在将经营权向经营者让渡的过程中，需要获得一定的经济补偿，因此便形成了绝对地租。而在资源的开发利用过程中，由于不同自然资源所处的地理位置、储量丰度、开采以及运输条件等方面存在较大的差

---

① 张颖：《中国流域水污染规制研究》，博士学位论文，辽宁大学，2013 年。

② 李玮：《中国煤炭资源税法律制度研究》，硕士学位论文，山西财经大学，2006 年。

异性，经营者为获得同等数量、质量的自然资源所需要付出的劳动与成本是各不相同的，因此便形成了与自然资源丰度、地理位置等条件相关的超额利润，即级差地租。[1]

---

①　刁凤琴：《石油储量动态经济评价研究》，博士学位论文，中国地质大学，2007年。

第三章　中国工业废水污染治理收费制度现状、问题及原因

第一节　中国工业废水污染治理收费制度现状

　　排污收费制度是指国家以筹集治理污染资金为目的，按照污染物种类、数量以及浓度，依据法定征收标准，对向环境中排放污染物或者污染物排放量超过法定排放标准的排放者征收一定费用的制度。[①] 该项制度是国家通过采取对排放污染的组织和个人征收排污费的方式所实行的控制污染的重要环境经济政策。[②] 作为世界各国广泛使用的环境保护方法，排污收费制度既有效地保证了排污企业的负外部性内在化，在促进污染减排方面发挥着重要的作用，又在一定程度上保证了环境保护工作向规范化、法制化道路迈进，极大地提高了环境保护工作成效。

　　一直以来，工业废水排污收费制度都是我国环境保护工作的主要构成部分，在治理我国水污染排放方面发挥着积极作用。总的来说，该项制度的发挥是以认可国家环境管理部门为水资源的管理者身份为前提，通过对排污者收取污染防治费用，在一定程度上降低企业将本应由其自身承担的成本费用转嫁给社会的可能性。[③] 工业

---

① 王鹏：《论排污收费制度》，《中国环境科学学会学术年会论文集》，2013 年。
② 陈欣：《排污费改税的法律思考》，《环境经济》2014 年第 3 期。
③ 佘秀娟：《开征水资源税促进水资源可持续利用》，硕士学位论文，西南财经大学，2007 年。

废水污染治理收费制度总体上遵循"谁污染谁付费，谁破坏谁补偿"的原则进行征收，可将该制度的实质理解为"以费促管"，是环境保护工作部门利用经济手段依法防污治污的体现。[①]

在我国工业废水污染治理收费制度建立的过程中，《征收排污费暂行办法》、《中华人民共和国水污染防治法》、《中华人民共和国水污染防治法实施细则》以及《排污费征收使用管理条例》等法律法规在构建排污收费法律体系方面发挥着突出作用，起到了我国工业废水污染治理工作进程中的里程碑作用。

一　工业废水排污费征收标准

（一）工业废水排污费征收规定概述[②]

为加强对排污费的征收、使用的管理，国务院于 2003 年出台了《排污费征收使用管理条例》。条例中对排污费征收对象进行了界定，指出凡是直接向环境中排放污染物的单位和个体工商户，均应当依照相关规定缴纳排污费。排污费的征收标准是由国务院价格主管部门、财政、环境保护行政管理等多部门，根据我国污染防治要求、经济技术条件以及排污者的实际承受能力联合加以确定的。具体征收规定如图3－1所示。

同时，《排污费征收使用管理条例》还指出，对于国家颁布的排污费征收标准中未做规定的事项，省（自治区、直辖市）政府可以结合当地实际情况，自行制定地方排污费征收标准，但需要报经国务院、财政部、环境保护等相关部门予以备案。

（二）工业废水排污费征收标准计算方法

《排污费征收使用管理条例》对工业废水排污费征收标准计算方法作出了详细说明，"工业废水排污费按照污染物种类、数量以污染当量进行计征，每一污染当量的征收标准为 0.7 元。对于同一排污口所排放出的工业废水而言，排污费征收的污染物种类按照污染当量数值由高到低的顺序进行征收，且最多不得超过三项。此外，

---

① 陈欣：《排污费改税的法律思考》，《环境经济》2014 年第 3 期。

② 中华人民共和国国务院：《排污费征收使用管理条例》，2003 年。

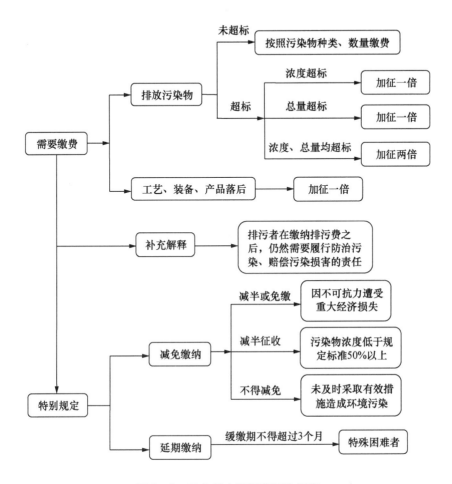

图 3 - 1　工业废水排污费征收规定

当污染物排放水平超过国家或者地方所规定的排污标准时，应当在原征收标准基础上加收一倍的超标排污费"。

因此，工业废水排污费征收水平可用下式表示：

工业废水排污费 = 0.7 × 前三项污染物的污染当量数之和　（3.1）

污染当量数 = 该项污染物的排放量（kg）/该项污染物的污染当量值（kg）　　　　　　　　　　　　　　　　　　　　　　（3.2）

第一类和第二类污染物污染当量值见表 3 - 1。

但是，为了进一步确保节能减排约束性目标的实现，国家发展

表 3 – 1 第一类、第二类主要污染物污染当量值 单位：千克

	序号	污染物	污染当量值
第一类污染物	1	总汞	0.0005
	2	总镉	0.005
	3	总铬	0.04
	4	六价铬	0.02
	5	总砷	0.02
	6	总铅	0.025
	7	总镍	0.025
	8	苯并芘	0.0000003
	9	总铍	0.01
	10	总银	0.02
第二类污染物	1	悬浮物	4
	2	化学需氧量	1
	3	挥发酚	0.08
	4	总氰化物	0.05
	5	氨氮	0.8
	6	总铜	0.1
	7	总锌	0.2
	8	总锰	0.2

资料来源：《排污费征收使用管理条例》。

改革委联合财政部和环境保护部在 2014 年共同发出《关于调整排污费征收标准等有关问题的通知》，确定将部分排污费征收标准上调。通知指出，对于每一个污水排放口，五项主要重金属污染物均需要计征排污费，其他污染物仍然按照污染当量数值从高到低的顺序进行征收，且最多不超过三项。同时指出，污染重点防治区和经济发达地区可以发挥价格杠杆作用，按照高于上述标准征收排污费。

因此，工业废水排污费征收水平可用下式重新表示：

工业废水排污费 = 0.7 × （五项主要重金属污染物污染当量之

和＋前三项其他污染物的污染当量数之和）　　　　　　　　（3.3）

二　工业废水排污费的收缴使用办法[①]

为加强和规范排污费资金的收缴、使用与管理工作，进一步提高排污费资金的使用效益，财政部和国家环境保护总局在《排污费征收使用管理条例》的基础上，于 2003 年联合出台了《排污费资金收缴使用管理办法》，并于当年 7 月 1 日起开始实行。

该项《办法》对排污费的收缴、支出范围、专项资金使用管理以及违规处理等问题均明确给出了意见。其中，明确指出排污费的征收与使用均应当按照"收支两条线"的原则进行，排污费一经征收必须上缴财政，以环境保护专项经费的形式列入部门预算，任何单位和个人不得以任何理由截留、挤占以及挪用排污费资金，且任何单位和个人对上述违法行为均有权进行监督、检举。

排污费具体的收缴使用规定如图 3 - 2 所示。

三　工业废水排污收费制度污染控制表现分析[②]

（一）工业废水污染控制表现测算

污染控制表现模型基于空间距离的思想构建而成。$d(x, y) = \|x - y\|$，$x, y \in R^n$ 表示 n 维空间中 x, y 两点之间的距离，i 表示某种污染物，c_i 表示某种污染物的实际排放量，c_i^{opt} 表示某种污染物的最优排放量，c_i^{max} 表示政策允许的某种污染物的最高排放量。

以 c_i^{max} 和 c_i^{opt} 之差的倒数表示权重 w_i，即：

$$w_i = \frac{1}{c_i^{max} - c_i^{opt}} \qquad (3.4)$$

为检验某省的污染控制水平是否达标，将 w_i 进一步标准化，即：

$$\hat{w}_i = \frac{w_i}{\sum_{i=1}^{n} w_i} \qquad (3.5)$$

---

① 中华人民共和国财政部、国家环境保护总局：《排污费资金收缴使用管理办法》，2003 年。

② 杨志安、汤旖瑶、宁宇之：《财税视角下我国污染控制表现研究》，《经济研究参考》2014 年第 53 期。

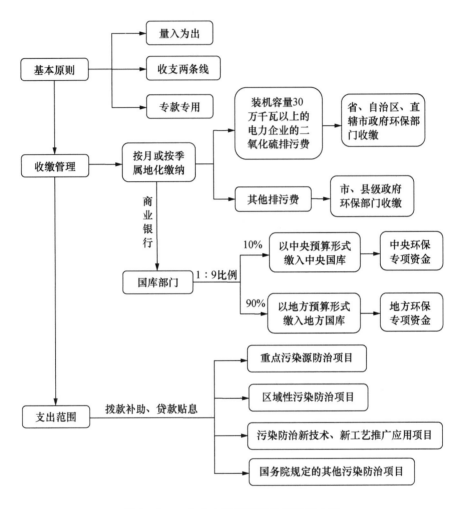

图 3－2　工业废水排污费的收缴使用方法

以 D 表示污染控制水平，用 c_i 的集合表示，即：

$$D = \{ c_1 \cdots c_n \} \tag{3.6}$$

因此，最优污染控制水平 D^{opt} 可表示为：

$$D^{opt} = \{ c_1^{opt} \cdots c_n^{opt} \} \tag{3.7}$$

将 D 进一步以修正的欧几里得范数形式表示：

$$\| D \| = \sqrt{\sum_{i=1}^{n} (\hat{w}_i \times c_i)^2} \tag{3.8}$$

通过计算 D 与 D^{opt} 之间的距离，便可得到某省的污染控制表现 PCP：①

$$PCP = \mathrm{d}(D, D^{opt}) = \| D - D^{opt} \| = \sqrt{\sum_{i=1}^{n} \left[\hat{w}_i \times (c_i - c_i^{opt}) \right]^2}$$

$$(3.9)$$

通常而言，污染物最优排放量 c_i^{opt} 可视为零，即对污染实现 100% 有效控制。但考虑到实际情况中这种假设几乎没有任何意义，因此使用由欧盟推行、世界上广泛采用的最佳可行技术（Best Available Techniques，BAT）作为最优污染排放量 c_i^{opt} 的参考值。另外，由于 c_i^{max} 表示政策允许的某种污染物的最高排放量，因此使用我国《污水综合排放标准》（GB 8978—1996）中各污染物的排放限值作为 c_i^{max} 的参考值。

（二）工业废水污染控制表现结果分析

鉴于数据有限的可得性，本书选取化学需氧量（COD）、氨氮、氰化物、铅、镉五种水体污染物作为测算对象，利用 2004 年至 2010 年相关数据对全国 31 个省（直辖市、自治区）污染控制表现 PCP 进行测算，其结果如表 3-2 以及图 3-3 所示。

表 3-2　　全国 31 个省（自治区、直辖市）2010 年水体污染控制表现

省份	污染控制表现	省份	污染控制表现
北京	8.333452725	湖北	105.9918278
河北	119.776925	湖南	124.6246616
天津	53.49453942	广东	64.06812274
山西	192.2537427	广西	211.0985524
内蒙古	153.8705378	海南	93.27535634

① 由于本书将污染控制表现 PCP 定义为带权重的某污染物实际排量与最优排量之差的平方开根号，因此，PCP 数值越小，污染控制表现越好。

续表

省份	污染控制表现	省份	污染控制表现
吉林	245. 8989094	重庆	120. 3916934
辽宁	197. 4324911	四川	185. 7489576
黑龙江	203. 2932393	贵州	54. 01766355
上海	7. 532698306	云南	203. 0443274
浙江	69. 9905894	西藏	88. 57512645
江苏	40. 10724674	陕西	172. 3465655
安徽	95. 07686977	甘肃	207. 3680088
福建	14. 28522346	青海	378. 5429807
江西	95. 60983397	宁夏	316. 5974304
山东	77. 99671477	新疆	502. 6181172
河南	124. 6196856		

资料来源：笔者计算得出。

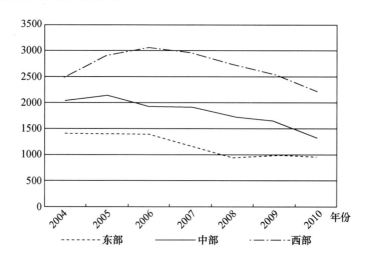

图 3 - 3　2004—2010 年全国 31 个省(自治区、
直辖市) 水体污染控制表现情况

本书按照东、中、西地区划分标准①将被调查的省（直辖市、自治区）进行分组归纳，发现在进行测算的时间段内，东部地区污染控制表现最好，中部地区次之，西部地区污染控制表现最差。因此，可以认为工业水污染控制表现存在较为突出的地区间不平衡状况。此外，由图3－3还可看出，2006年前后我国的水体污染控制表现一度出现倒退态势，但在2008年之后有所改善。

第二节　中国工业废水污染治理收费制度存在的问题

构建排污收费制度的本意在于通过经济杠杆作用对排污者的污染排放行为加以控制，以达到环境保护的目的。"谁污染、谁付费、谁治理"的理念贯穿于该项制度之中，体现了"为破坏环境的行为而承担起应付责任"的思想，其作用机理可以概括为"通过累积资金和经济刺激方式进行污染治理"，以此来达到激励排污者加大污染减排和污染防治的力度。但是，就目前来看，排污收费制度并没有完全达到预期效果，究其原因，主要集中在制度设计以及制度运行两个方面。

一　中国工业废水污染治理收费制度设计缺陷

（一）征收标准偏低

根据《排污费征收使用管理条例》以及《中华人民共和国水污染防治法》中相关条款规定，水污染物排放者应当向县级以上环境保护部门申报排放的污染种类和数量，环境保护部门再依据污染物种类与数量征收排污费，超过排污标准的，加倍征收排污费。但是，根据近年来我国污染治理的实际情况来看，这一标准明显过

---

① 东部地区包括北京、天津、河北、辽宁、山东、上海、江苏、浙江、福建、广东、广西、海南12个省、直辖市、自治区；中部地区包括山西、内蒙古、吉林、黑龙江、安徽、江西、河南、湖北、湖南9个省、自治区；西部地区包括陕西、甘肃、青海、宁夏、新疆、四川、重庆、云南、贵州、西藏10个省（直辖市、自治区）。

低。以排污费累计收入在全国同期工业污染治理项目累计投资额的比例为例，2003 年至 2005 年三年间全国排污费累计总收入为 290.5 亿元，而同期全国工业污染治理项目累计投资额为 988.1 亿元，前者占比仅为 29.4%。这可以理解为，作为主要污染排放者的工业企业，其所负担的污染治理成本不足全社会治污成本的 1/3，而余下部分皆由其他社会成员共同负担。2004 年我国全国排污费收入为 94.18 亿元，在当年税收收入中占比约为 0.389%，在当年国内生产总值中占比约为 0.068%，而同年丹麦、德国、法国、英国以及爱尔兰的环境相关税收收入在税收总收入中占比分别达到 9.75%、7.3%、4.94%、7.35% 和 8.21%，在国内生产总值中占比分别达到 4.76%、2.53%、2.14%、2.64%、2.47%。① 再以 2010 年相关数据为例，当年我国在废水污染治理方面投资总额为 129.6 亿元，而同年全国水污染费收入为 22.38 亿元，仅占治污投资总额的 17.27%。过低的排污收费标准使得污染治理过程中所产生的直接成本无法得到应有的补偿，间接成本以及社会隐性成本则是更加难以弥补。而 1982 年颁布的《征收排污费暂行办法》中明确规定"排污单位可以将排污费从生产成本中列支"，这意味着企业所缴纳的排污费能够实现转嫁，最终由消费者负担，而排污企业自身真正负担的本就偏低的污染治理成本则变得更加微乎其微。②

　　征收排污费的根本性目的是提高排污者的排污成本，试图从经济角度激励企业进行污染治理，降低污染排放量。因此，排污费的征收标准应当符合经济学理论要求。从理论角度来看，最优排污收费标准应当由平均边际治污成本和边际损失成本相等所决定，但是由于实践中分别确定排放每种污染物所造成的边际损失并不具备可行性，因此通常使用污染物的平均治理成本对社会边际处理费用加以替代。而现实情况是，我国的排污收费标准远低于理想的效率收

① 肖加元：《欧盟水排污税制国际比较与借鉴》，《中南财经政法大学学报》2013 年第 2 期。
② 宋晓红：《论我国排污收费制度的改革》，硕士学位论文，南京师范大学，2011 年。

费标准，甚至连污染物平均削减成本都无法达到，难以发挥激励企业改变行为方式的作用，丧失该项制度建立之初所设想的政策功能。[①] 事实上，世界银行早在 20 世纪 90 年代便已经利用平均污染物治理成本对我国废水排污收费标准进行了测算，得出了我国的理想效率排污收费标准。但是，考虑到我国企业的实际承受能力以及经济、技术等方面的实际发展情况，我国在具体执行时对这一标准进行了减半征收处理，将污水的每污染当量按照 0.7 元的标准进行征收排污费。此外，如果将历年来的通货膨胀因素考虑进去，实际征收标准则会在减半的基础上进一步逐年降低[②]，使得目前我国的排污征收标准远低于污染治理的边际成本，对企业的污染减排激励作用大打折扣。

通常而言，排污费的征收标准应当高于污染治理和配置清洁生产设施所需的全部费用。因为只有在此情境下，企业为获取最大化的利润，才有动力进行污染减排，主动设法削减污染排放规模。换言之，作为排污收费制度的关键性要素，收费标准的高低直接决定了排污企业的污染治理态度与行为。但是当前我国的排污费标准仅为理想征收标准的一半，部分项目排污费征收标准甚至不足治污成本的 1/10[③]，过低的征收标准会在一定程度上促使企业产生偏好缴纳排污费的心理，即为了节约生产成本，企业宁可选择缴纳排污费，也不愿投入人力、物力、财力进行污染治理，产生所谓的"缴排污费，买排污权"现象，这种现象对于污染减排工作来说势必会产生不利影响，无法形成足够的刺激力度，难以促使排污者主动开展污染治理工作，污染物排放情况无法降至理想水平。虽然目前我国排污费实行超标征收政策，但是对于部分企业而言，其超标排放

①　李慧玲：《我国排污收费制度及其立法评析》，《中南林业科技大学学报》（社会科学版）2007 年第 2 期。

②　王金南、龙凤、葛察忠、高树婷：《排污费标准调整与排污收费制度改革方向》，《环境保护》2014 年第 19 期。

③　白雪：《我国排污收费制度的完善研究》，硕士学位论文，西安建筑科技大学，2011 年。

所获得的经济利益仍然超过所缴纳的排污费用，即对于这部分企业来说，即使接受对于超标排放污染物所作出的罚款之后，仍然可以获得可观的经济利益，因此，超标排放的行为选择便成为这部分企业的必然选择①，即产生所谓的"守法成本高、违法成本低"的反常现象。

设立排污收费制度的初衷在于增加排污企业的排污成本，希望通过经济手段对企业的环境保护行为起到调整作用，并通过以征收排污费的形式对因污染排放所造成的环境损失进行必要的补偿。但是严重偏低的收费标准使得企业违法成本远低于治污成本，使排污费纠正负外部性的目标难以实现。② 因此，可以认为，目前所实行的过低标准的排污收费制度在一定程度上变相鼓励了排污者的污染排放行为，并没有发挥出应有的污染减排激励效应。③

（二）征收范围狭窄

根据庇古税的原理，征收排污费实质上是对外部性问题的治理过程，因此只要存在排污行为就应当征收相应的费用。但是由于我国现行的排污费征收范围过于狭窄，仍然存在较多的政策难以干预的"真空"区域。④

长期以来，我国的排污收费制度一直采取单因子收费模式，这在一定程度上会造成排污者产生规避法律，减少缴纳排污费的思想。虽然 2003 年实行的《排污费征收使用管理条例》将以往的单因子浓度收费改为多因子总量与浓度兼顾的收费方式⑤，并且 2014 年在此基础上再次深化改革，但遗憾的是，排污费的征收范围仍然没有覆盖全部污染物，仅以污染当量为衡量标准，对每一排污口的五项主要重金属以及其他前三项污染物征收排污费。这一规定虽然

---

① 高萍：《对我国开征环境税的探讨》，《涉外税务》2011 年第 8 期。
② 陈欣：《排污费改税的法律思考》，《环境经济》2014 年第 3 期。
③ 余江、王萍、蔡俊雄：《现行排污收费制度特点及若干问题探析》，《环境科学与技术》2005 年第 5 期。
④ 尹婷婷：《我国排污费制度问题的探究》，《管理方略》2014 年第 1 期。
⑤ 李慧玲：《我国排污收费制度及其立法评析》，《中南林业科技大学学报》（社会科学版）2007 年第 2 期。

较以往有所进步，但是仍不彻底，难以从根本上解决多重污染排放问题。因为该项规定相当于将污染当量较小的污染物对环境所产生的负面影响忽略不计，对于一些毒性较小的污染物并没能给予充分重视，忽视了大量排放这类污染物所引起的环境危害[①]，不仅会造成暂不收费的污染物排放量急剧攀升的后果，还会对排污者产生仅治理排污费征收范围之内的污染物减排的错误导向。[②]

此外，一直以来相关法律法规在排污费征收对象方面始终强调"超标排污征收"概念，这显然与当前新形势下环境管理要求不相适应，不符合目前所倡导的环境保护新方针、新政策的需要，与环境影响评价制度以及"三同时"制度相抵触。[③]

（三）征收标准欠缺灵活性

对于地方人民政府或者地方环境保护部门在排污费征收标准制定方面的自主权利，《排污费征收使用管理条例》中给出了明确规定，即排污收费标准由国务院价格主管部门、财政部门、环境保护部门以及经济贸易主管部门依据我国污染治理产业化发展的具体需要、污染防治的要求以及经济技术具体条件和排污者的实际承受能力统一加以制定，而地方人民政府和地方环保机构只能对国家标准中未作规定部分自行确定征收标准。这一规定意味着地方性部门在制定排污收费标准方面仅享有有限权力，即排污费的征收具有全国性统一化特征。[④]

总体而言，目前我国的排污收费制度仍然停留在全国范围内的"超标处罚"层面上，并没有实现以区域为单位的合理划分，对于地区间在经济发展水平、生态环境以及污染状况等方面所存在的现实差异并未能给予充分考虑。事实上，由于我国不同区域地形地貌

---

① 刘伟明：《我国排污费制度的局限性及其改革措施》，《中国外资》2012 年第 4 期。

② 聂丽曼：《我国排污收费制度及其在环境影响经济评价中的应用》，硕士学位论文，青岛大学，2006 年。

③ 刘白：《试论现行排污收费制度的缺陷及改革》，《环境保护》2007 年第 9 期。

④ 宋晓红：《论我国排污收费制度的改革》，硕士学位论文，南京师范大学，2011 年。

情况差异较大，不同区域的环境容量、污染物传输以及功能划分各不相同，排污者所排放的单位污染物所造成的边际损害也各不相同——单位污染物在环境容量大、功能要求低的区域所造成的边际损害显著低于环境容量小、功能要求高的区域的边际损害。当企业出于追逐经济利益目的，在保持相同总量控制前提下，将生产经营地址确定在资源丰富、市场前景良好而环境脆弱的区域时，会对该区域的环境造成进一步不可逆的破坏。因此，为保证环境与自然资源的优化配置，进一步优化产业结构，排污收费标准应当结合不同区域的自然环境条件进行差别性定价，力争以较低的污染控制成本获得较高的社会与环境效益。[①]

二　中国工业废水污染治理收费制度运行过程中存在的问题

(一) 征收管理刚性不足

现行的排污收费制度是监管部门以部门规章的形式颁布的，法律层次较低，强制性较差。由于环保执法人员具有较大的自由裁量权限，排污费征收额度通常会随排污企业的经营状况而浮动，并受行政干预、议价、人情等因素影响，随意性和不确定性较强，漏征、少征等问题较为严重，致使排污费难以足额及时征收，对我国的污染治理资金筹集工作造成负面影响，不利于环保设施建设的顺利推进。[②]

现行的排污费征收额度确定的依据是排污者自行上报与环保部门核定的结果，但执行过程中仍然存在瞒报、漏报、谎报等现象，征收过程中的少缴、欠缴、拖缴现象较为严重。由于企业符合理性的经济人假设，因此有足够强烈的动机对申报数据进行虚假化处理。但企业最终是否真正采取措施提供虚假数据，主要取决于两点因素，即数据造假的机会与提供虚假信息的成本。此外，当环保部门行使自由裁量权时，会存在谋求部门私利的动机取向，即作出不

---

①　余江、王萍、蔡俊雄：《现行排污收费制度特点及若干问题探析》，《环境科学与技术》2005 年第 5 期。

②　李慧玲：《我国排污收费制度及其立法评析》，《中南林业科技大学学报》（社会科学版）2007 年第 2 期。

监督的选择。当二次监管缺位时，环保部门与排污企业极有可能达成"不监督、提供虚假信息"的默契，并将这一相对稳定状态保持下去，致使地方政府在推进污染治理工作时缺乏积极性与主动性，环境治理工作难以取得真正意义上的进展。①

此外，在排污费的征收过程中，存在较为浓重的地方保护主义色彩。一方面，由于部分地方官员抱有"环保工作影响地区经济增长"的错误观点，认为治理污染不能为政绩建设提供重要砝码，便自行降低对于排污收费制度的执行力度，并且当涉及跨界污染事件时，更是将目光局限于本地区范围内，仅从本地利益出发，不具备全局观念；② 另一方面，对于部分地区而言，高排放、高污染企业能够有效带动地方经济发展，为了保证地区经济持续性增长，地方政府不惜出面干预环保部门征收排污费，甚至将减免征收排污费作为地方招商引资的工具之一，为淘汰产能死灰复燃提供了空间，加大了排污费征收工作的难度。③

（二）征收成本过高

排污费征收成本过高体现在三方面问题上。一是目前我国排污费征收大致需要经历"排污申报、排污量核定、排污费核算、征收、执行"等5—6个环节，程序较为繁杂，可操作性较低。作为征收过程的核心环节，由于排污费缴纳主体众多，且对废水实行多因子征收方式，环保部门核定污染物的种类与数量工作量大，计征难度高。按照规定，排污者应当以月或者季为时间单位缴纳排污费，面对如此之高的缴费密度，环保部门难以做到对全部排污者逐一核定，在具体执行过程中，由于管理力量有限，难免会出现顾此失彼的现象，于无形中降低了征收效率，增加了征管成本。二是面对排污者自行申报的排污信息，环保部门处于两难境地，若直接采用申报信息，有可能难以发觉不实申报数据，无法追缴流失的排污

①　尹婷婷：《我国排污费制度问题的探究》，《管理方略》2014年第1期。
②　刘伟明：《我国排污费制度的局限性及其改革措施》，《中国外资》2012年第4期。
③　陈欣：《排污费改税的法律思考》，《环境经济》2014年第3期。

费；若不予采用申报信息，则环保部门核定成本过高，且致使申报环节丧失意义。[1] 三是排污费缴纳期限过长，处理时间上限长达三个半月，如若将具体操作过程中所遇到的诸如难以获得实际监测数据、主管部门核实工作量过大等客观问题包含在内，整个排污费征收周期将进一步延长。过于冗长的征收流程（见图3-4）以及较低的可操作性将会使排污费征收效率降低，于无形之中增加征收成本。[2]

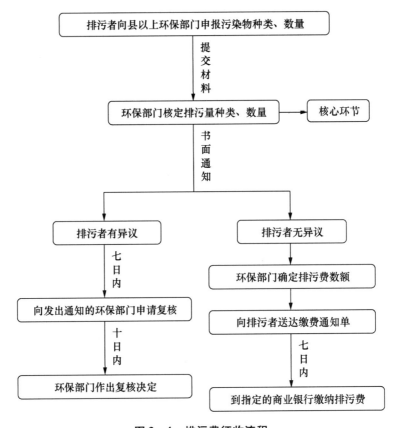

图3-4 排污费征收流程

---

① 靳东升、龚辉文：《排污费改税的历史必然性及其方案选择》，《地方财政研究》2010年第9期。

② 宋晓红：《论我国排污收费制度的改革》，硕士学位论文，南京师范大学，2011年。

（三）排污费使用不规范

第一，尽管《条例》规定排污费必须纳入财政预算，且收入需要列入环境保护专项资金管理，在污染防治等领域加以使用，但是由于资金的使用与环保部门的鉴定、审批密切相关，因此环保部门同时具备双重身份，既是排污费用的征收方，又是排污费使用的关联方，因此在实践中挤占、挪用环保专项资金的现象仍然时而出现，很难从真正意义上做到"收支两条线"。[1]

第二，由于目前与排污收费相关的各部门关系未能理顺，重复征收排污费问题时而发生。《排污费征收标准管理办法》中规定"对向城市污水集中处理设施排放污水、按照规定缴纳污水处理费的，不再征收污水排污费"，但是在具体执行过程中，部分企业仍然需要同时缴纳两种费用，重复收费问题亟待解决。[2]

第三，由于排污费收入主要是以拨款补助或者贷款贴息的方式应用在污染防治项目上，而无论拨款补助还是贷款贴息均以事前或者事中方式拨付资金。由于不论项目完成情况是否合格，资金均已拨付，对于不合格项目而言，即使收回已拨付资金，资金的时间价值仍然遭受损失，这显然不利于资金使用效率的提高。[3] 同时这也为截留、挪用等违规行为提供了可乘之机，不利于资金使用的有效管理。

第四，行政性的排污收费制度在缺乏有效的监督管理机制的背景下，所征收的费用具体用途难以确保公开透明，使部分费用甚至成为环保部门日常运转的资金来源。这种现象不仅会降低排污者主动缴纳排污费的积极性，同时也不利于排污费的有效使用。[4]

---

① 高萍：《对我国开征环境税的探讨》，《涉外税务》2011 年第 8 期。

② 刘伟明：《我国排污费制度的局限性及其改革措施》，《中国外资》2012 年第 4 期。

③ 王志芳：《环境税收使用问题研究》，《税务研究》2012 年第 4 期。

④ 袁向华：《排污费与排污税的比较研究》，《中国人口·资源与环境》2012 年第 5 期。

第三节　中国工业废水污染治理收费制度
存在问题的原因分析

一　排污收费制度法律依据不足①

排污收费制度法律依据不足主要表现在两方面：一是《环境保护法》滞后；二是《排污费征收使用管理条例》存在缺陷。

对于《环境保护法》而言，由于该项法律由全国人大常委会制定，其法律效力级别较低，不能体现基本法的地位，并且该项法律并没有全面而明确地规定出法律责任，问责机制不健全。相应地，在发生污染事件之后，在责任主体的确认方面便存在一定难度，会导致权责不清的问题发生。此外，该项法律与其他法律之间的协调也存在一定问题。随着环保工作的不断深入推进，环保相关法律法规修订速度不断加快，《环境保护法》中的部分规定已经表现出滞后问题，与现有的法律存在一定冲突。

对于《排污费征收使用管理条例》而言，同样存在与相关法律法规相冲突的问题。虽然目前我国在排污收费问题上已经基本形成法律体系，但是由于不同法律法规的制定者存在级别差异，因此在执行过程中便不可避免地会存在一定冲突。此外，《条例》在排污费征收对象方面也存在一定的立法空白问题。根据规定，排污费的征收对象为单位以及个体工商户，征收对象的确定并没有将所有组织形式涵盖其中，容易造成排污费征收不全面的问题，为后续工作留下隐患。

二　监督管理环节薄弱

实践中部分环保部门的征收管理工作欠缺规范性，随意性强，究其根本原因在于排污收费制度的监管环节过于薄弱。目前排污申

① 白雪：《我国排污收费制度的完善研究》，硕士学位论文，西安建筑科技大学，2011年。

报、核定制度仍不健全，有待进一步完善，主要表现为排污申报工作不到位，部分地区甚至尚未开展排污申报登记工作，致使排污收费与申报登记环节相脱离，最终确定的排污费数额不能准确反映实际排污情况。此外，"重收费、轻监管"是目前多数环保机构的普遍思想，由于对排污企业的监督检查工作执行不到位，环保部门很难掌握排污者污染物具体排放情况，加之污染申报登记工作存在脱节现象，极易造成污染排放量核定结果出现偏差的问题，进而产生少征、漏征等问题。①

三 各利益主体之间相互博弈

排污费的征收牵涉到整体利益与局部利益、当前利益与长远利益等众多利益，因此不同利益集团也随之参与到征收过程之中。换言之，排污费的征收过程可以视作不同利益集团各方博弈的过程。地方政府在地方利益的驱使之下会产生错误、扭曲的政绩观，并表现出不同程度的违规干预缴费行为；环保部门在利益驱使之下会表现出截留、挪用、挤占排污费等违规行为；而排污企业在经济利益驱动之下会作出"打擦边球"、对申报数据虚假化处理等违规行为。

第四节 小结

总的来说，我国的工业废水污染治理制度自 20 世纪 70 年代出台以来，为了更好地提升环境保护工作效益，历经多次变革，不断改进，由最初的以"命令—控制"色彩较为浓厚的行政性手段为主，逐渐转变成为行政、经济、法律手段综合运用，在保证水体环境功能、提高水质、削减污染排放等方面均发挥了重要作用。各类污染治理手段汇总情况如表3－3所示。

---

① 刘忠庆、李淑英：《排污费征管中存在的问题、原因及对策》，《地方财政研究》2009 年第 11 期。

表 3 - 3　　　　　　　　我国工业废水污染防治治理手段

治理手段	"命令—控制"手段	经济手段	法律法规
	"三同时"	排污收费	《排污费征收使用管理条例》
典型做法	总量控制	排污权交易	《排污费资金收缴使用管理办法》
	限期治理	财政投资	《水污染防治法实施细则》

目前，我国已经构建了以《中华人民共和国水法》和《环境保护法》为基础，以《排污费征收使用管理条例》为具体指导方针的较为完备的工业废水排污收费制度政策法规体系。[①] 其中，《排污费征收使用管理条例》是标志着我国排污收费制度进入全面改革阶段的里程碑，该项法规在征收对象、收费标准等方面与以往相比均做出了重大变化。而 2014 年出台的《关于调整排污费征收标准等有关问题的通知》则是自条例实施之后我国首次提高排污收费标准，充分体现了国家对于全面落实环境保护工作和节能减排的决心。

总体而言，排污收费制度自实施以来取得了以下几方面的成效：

一是排污收费制度是在顺应我国环境保护工作和经济社会改革实际发展形势的背景下，统一建立、实施起来的，在很大程度上推动了我国的环境保护事业蓬勃发展，促进了污染治理和减排的顺利进行，充分体现了中国特色社会主义制度的优越性。[②]

二是排污费资金通过纳入中央或者地方环境保护项目，在很大程度上带动了各地污染减排政策的相继出台，为全面构建环境保护体系做出了突出贡献。事实上，排污收费制度的确立为我国污染防治工作提供了必要的资金支持，能够有力地保证环境保护投入力度的不断加大，打破了推行排污收费制度以前环保投入不足的局面，对于各地环保机构自身能力建设而言，无疑是一个利好消息。

三是由于排污收费制度在落实过程中面临着作业面牵涉广泛的

① 肖加元：《欧盟水排污税制国际比较与借鉴》，《中南财经政法大学学报》2013 年第 2 期。

② 环境保护部环境监察局：《中国排污收费制度 30 年回顾及经验启示》，《环境保护》2009 年第 20 期。

特点，且具体操作起来具有较强的专业性要求，因此在无形中培养了大批环境监察执法队伍，其工作范围涵盖生态环境执法、排污申报、环境应急管理、环境纠纷查处等多方面，为我国的环境保护系统输送了大量的业务能力过硬的领军人才。[①]

系统论认为整体性是系统的重要特征之一，系统中各要素之间的关系会直接影响到系统作为整体的功能发挥。如果将工业废水污染收费制度视为以系统的形式而存在，那么各环节、各因素所存在的问题将会在整体中以不同形式反映出来，造成众多冲突与矛盾，影响整个系统整体顺畅地发挥应有的作用。

图 3 - 5 给出了当前我国工业废水排污收费制度存在问题的多级递进结构，并得出如下结论：

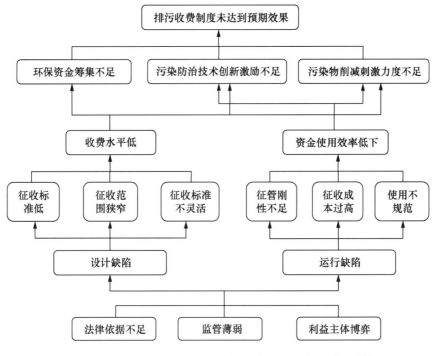

图 3 - 5　中国工业废水排污收费制度存在问题多级递进结构

① 环境保护部环境监察局：《中国排污收费制度 30 年回顾及经验启示》，《环境保护》2009 年第 20 期。

第一，法律依据不足、监管薄弱以及利益主体存在博弈空间是我国工业废水污染治理收费制度体系中最为根本的问题。如果这些根本性问题不能得到妥善解决，便难以从根本上改变目前排污收费制度作用发挥不显著的问题。

第二，上述三个根本性问题可以在制度设计以及制度运行中以多种形式表现出来，诸如征收标准低下以及欠缺灵活性、征收范围狭窄、征管刚性不足等，并最终体现为收费水平低以及资金使用效率低两项综合性问题。

第三，这些问题会导致整个排污收费系统在污染物削减刺激、污染防治技术创新激励以及环保资金筹集方面集中反映出力度不足的问题，并致使排污收费系统难以充分发挥应有作用，不能达到预期治理效果。

由于排污收费制度在设立程序、审批部门、征收主体以及征收对象等众多方面与排污税收体系均有所不同，若想要从根本上改变排污收费系统所存在的问题，"费改税"是未来发展的必然选择，是从根本上解决目前我国污染防治工作力度不足的有效办法。

第四章 国外典型国家工业废水污染治理税收制度的借鉴

随着世界范围内的水资源短缺与水体污染问题的日趋严重，西方国家在经历了"先污染，后治理"的惨痛教训之后，对环境保护工作的重视程度不断提高。经济合作与发展组织（OECD）于1972年首次提出"污染者付费"的理念，此后西方国家出现了利用税收手段治理污染的新兴浪潮，世界各国纷纷推出环保政策对生态环境，尤其是对水环境加以保护。

在过去的几十年间，水污染税在世界范围内，特别是OECD国家中获得了迅猛发展。目前，这些国家已经对水污染税的征税对象、纳税义务人、税率等税制要素均进行了科学而严格的界定，并利用税收手段将水体污染以及生态环境破坏所产生的社会成本内化为企业的生产成本，借助市场机制对水资源进行优化配置，有效地改变了市场导向，显著地降低了企业在生产过程中所排放的污染物数量。总体而言，目前多个西方国家在利用税收制度刺激企业进行污染减排活动方面取得了成功，其中尤以荷兰、德国、法国、俄罗斯四国最为突出，上述四国在污染减排、环境保护、筹集环保资金等众多方面均可以为我国未来水污染税的开征提供值得借鉴的宝贵经验。[1]

---

① 姜泽平：《我国开征污染税制度构想》，硕士学位论文，山东科技大学，2010年。

第一节　荷兰工业废水污染治理税收制度

荷兰的水资源税收制度的主要目标包括节约地下水资源和增加财政收入两方面。该国中央政府在 1995 年以法律形式确定了水资源税的法律地位，由财政部和中央环境税署共同负责该税种的征收管理工作，并规定税收收入全部纳入国库。荷兰的水资源税可以细分为两类：一类是为增加地方财政收入和补贴污染控制成本而向企业征收的地下水取用税，另一类是为促进节约使用地下水资源而向取用者征收的水资源税，但是年取水量不足 40000 立方米、水泵每小时取水量不足 100000 立方米的企业和个人，以及因突发紧急情况而取用水资源或者将地下水资源用于清洗可循环包装物等情况可以免征水资源税。[①]

荷兰是世界上较早开征水污染税的国家之一，地表水污染税的征收方案最早由水资源管理局提出，该机构于 20 世纪 60 年代重组，负责征收排污税费。1970 年通过的《地表水污染防治法》以及排污许可证制度，标志着水污染税在荷兰的开征。荷兰该项税收制度的纳税义务人是向地表以及净化工厂直接或者间接排放废弃物、污染物以及有毒物质的单位和个人，计征依据是纳税人所排放的废弃物、污染物以及有毒物质的数量与质量。荷兰的水污染税实行差别税率制度，对不同的水资源保护区实行不同的税率标准，具体标准则最终取决于净化水的处理成本。但是对于污染量不足 5 单位污染当量的排污者，则可按照定额方式进行征收。该项税种的适用税率自实施以来已经进行过多次提高，目前税率范围为每污染单位 59—138 荷兰盾。地表水污染税的征收单位是政府部门或者非政府机构

---

① 王敏、李薇：《欧盟水资源税（费）政策对中国的启示》，《财政研究》2012 年第 3 期。

的水资源委员会[1]，但是，对于因全国性污染行为而缴纳的税收应当归属于中央，而因非全国性污染行为而缴纳的税收可以归属于地方。[2] 该项税收收入主要用于资助市政污水处理厂以及工业行业的污染减排活动。虽然与一般性的使用者付费制度较为相似，但是不同之处在于，水污染税的覆盖范围更广，涵盖了污水管网成本，且征收税额的确定依据为特定污染物的排放，而非通常情况下的水利负荷。此外，荷兰的地表水污染税还包含多项税收优惠措施，例如，主动使用水污染减排设备的排污者可以享受设备加速折旧，并且政府部门对于上述设备的研发资金按照 60% 的比例给予支持。[3] 需要指出的是，荷兰的地表水污染税中规定，对于污染物的监测应当由排污者自行负责，政府部门则通过抽样的办法对其进行控制。目前看来，荷兰的地表水污染税的征收已经取得了良好的效果。截至 1996 年，工业有机污染物排放总量已经降至 1970 年开征该税种时的 12%。[4] 污水处理能力也由 1975 年的 52% 上升至 1992 年的 95%，地表水净负荷则由 1970 年的 4500 万户污染当量下降至 1996 年的 460 万户污染当量，仅 20 余年便减少了 90%。此外，企业排放的需氧物质也从 1970 年的 2800 万吨降低至 1996 年的 330 万吨，其中，43% 的企业表示该项政策对于其污染减排活动起到了重要的激励作用。[5] 目前，荷兰的地表水污染税收制度运行良好，1971 年至 1996 年，环境税收收入已经在税收总收入中占比达到 2.5%，其中，仅 1996 年一年，地表水污染税收入便已达到 19.4 亿荷兰盾。

总体而言，荷兰颁布《地表水污染防治法》的主要目的在于防

---

[1] 吕金花：《将水资源纳入资源税征收范围的税制设计机制分析》，《扬州大学税务学院学报》2010 年第 6 期。

[2] 刘先一：《课征水污染税的构思》，《水污染防治立法和循环经济立法研究》，2005 年。

[3] 贾琳琳：《我国开征水污染税的制度研究》，硕士学位论文，河北经贸大学，2013 年。

[4] 高萍：《欧洲典型废水税方案及我国开征废水税的制度选择》，《中央财经大学学报》2012 年第 6 期。

[5] 陈雯：《中国水污染治理的动态 CGE 模型构建与政策评估研究》，博士学位论文，湖南大学，2012 年。

止地表水资源受到污染，并且在水体污染减排治理方面已经取得了显著的成效。虽然该项制度存在一定的缺陷，例如并未对"地表水"的概念进行具体界定，并且仅对污染地表水的行为征税，而没有将地下水包括其中。但是，仍有较多成功经验值得我国进行学习与借鉴。

一是设立水资源管理委员会，并且其成员来自社会各界，能够有效平衡各方利益。当前荷兰共有30个水资源管理委员会，各负责不同水资源保护区。水资源管理委员会由流域以及与水资源管理有关的利益集团代表构成，包括全部或者部分位于流域内的地区代表以及地方单位代表、用户代表、资格人士代表以及国家任命的代表等，不同成员分别代表不同利益集团，因此水资源管理委员会能够有效获取不同方面的意见与建议，充分体现了民主与公平。

二是依据不同地区的水资源分布情况实行差别税率制度。例如对水资源紧缺地区实行高税率，以此来促使企业高效利用水资源。①

三是对征收上来的地表水污染税收实行专款专用制度，专门用于地表水的保护与治理工作。此外，在征收管理方面也给予了地方政府较大的自主空间，有效地保证了地方政府能够依据本地实际情况合理地确定税基与税率。②

总体而言，荷兰水污染税的开征有效地降低了水体污染物的排放量，并且从整体上成功地平衡了各方利益需求，提高了水污染税在推行过程中社会各方的接受性与执行性，获得了较高的社会效益。③

---

① 周国川：《国外水资源保护税税制比较研究》，《水利经济》2006年第5期。
② 肖加元：《欧盟水排污税制国际比较与借鉴》，《中南财经政法大学学报》2013年第2期。
③ 孙瀚璇：《国外水污染税制度比较及构建我国水污染税制的设想》，《济宁学院学报》2008年第8期。

第二节 德国工业废水污染治理税收制度

德国的政府层级主要分为三层，分别为联邦、州以及乡镇。在水资源政策的制定方面，联邦政府主要负责法律的制定以及全国性事务，但并不设立专门的水资源管理机构，而是将水资源管理权责分配至各个部门，而州政府与乡镇政府则主要负责水环境治理工作。[①] 总的来说，德国的水资源税政策目标主要是保证因实行环境保护政策而使经济利益遭受损失的群体得到应有的补偿。早在20世纪50—60年代，德国联邦政府关于在全国范围内征收水资源税的提案便已经得到通过，此后部分州政府开始在地方层面上征收水资源税。由于目前德国尚未对水资源税制定进行统一的规定，因此各州政府在制定地方性水资源税收政策时享有较大的自由空间，能够结合自身实际情况自主征收水资源税收。巴登—符腾堡州是德国首个开征水资源税的州，该州在1988年便已开始征收水资源税，征收目的主要是利用税收收入对当地农民因在流域范围内限用化肥而造成的损失进行补偿。具体而言，该州规定"对于年取水量低于2000立方米的企业和个人无须缴纳水资源税，年取水量在2000—3000立方米之间的企业和个人可享受50%的水资源税收折扣"。此外，不同水源以及不同取水用途在该州所适用的税率也各不相同，最终以实际取水量为标准进行征收。目前，巴登—符腾堡州每年的水资源税收收入基本稳定在7000万欧元左右，部分收入用于补偿农民因政府推行环保政策而遭受到的损失。汉堡是德国另外一个在水资源税征收方面较为突出的州，该州于1989年开始征收水资源税。但是，目前汉堡州仅对使用地下水资源的行为进行差别征收水资源税，应纳税额的高低一方面取决于取水许可证所授予的取水量的多少，即

---

① 马乃毅：《城镇污水处理定价研究》，博士学位论文，西北农林科技大学，2010年。

应纳税额按照许可取水量进行计算，但是，当实际取水量超过许可取水量时，应纳税额则按照实际取水量计算；另一方面则取决于取用水资源的水质优劣，即取用优质地下水的用户应纳税额高于取用含氧量较高的浅层地下水用户。此外，该州还特别规定了减免税优惠政策，例如，对于年取水量低于 10000 立方米的用户以及存在其他特殊情况的用户，可以免征水资源税等。①

　　德国的废水税联邦法律在 1976 年通过，并于 1986 年、1990 年以及 1994 年进行过三次修订。目前，实行的《废水纳税法》于 1994 年颁布，并于 1998 年进行修订。该法案首先对"废水"的概念进行了明确的界定，"废水是家庭、商业、农业或者其他用途而产生的，特性发生变化与干热天气混合在一起的、因建筑物的固定而积聚以及由处理、储存、堆放废物的设备中释放或积聚的液体均为废水（脏水）"。其次，该项法案对废水税的征收范围也进行了界定，指出废水税的征收范围不仅包括地表水，同时也包括排入地下的污水。废水税的纳税义务人是向地表水以及地下水等水域中直接排放污染物的单位和个人，但当排污者每天排放不足 8 立方米家庭或者类似污水时，纳税义务人为公共法人团体，而全部间接排放者仅须缴纳污水处理费即可。最后，该项税收的征收主体是各个州的政府部门，具体适用税率以废水的有害性为依据进行确定，即以氧化物、磷、氮、有机物、汞、镉、铅、镍、铜、铬以及废水对鱼类的毒性为基础构建污染单位，每污染单位等于 50 公斤化学需氧量、25 公斤氮、3 公斤磷、2 公斤生化卤素、20 公斤汞、100 克钙、500 克铬、500 克镍、500 克铅、10000 克锌，上述污染单位相当于一名居民一年的污染负荷，最终的应纳税额按照污染单位进行计算。②需要说明的是，德国的废水税在全国范围内实行统一税率标准，并且随着时间的推移而不断提高，1981 年每污染单位的最初年税率为

---

　　①　王敏、李薇：《欧盟水资源税（费）政策对中国的启示》，《财政研究》2012 年第 3 期。

　　②　孙漪璇：《国外水污染税制度比较及构建我国水污染税制的设想》，《济宁学院学报》2008 年第 8 期。

12 马克，1997 年该税率提高至 70 马克，而截至 2007 年，每污染单位的水污染税已经达到了 35.79 欧元。[1] 据统计，德国目前水污染税年收入已突破 20 亿马克大关。

在减免税方面，德国也制定了较为详细的规定：由于德国的污染排放标准不断更新，若排污者自行提前设立污染防治目标并获得显著成效，使污染物排放质量高于规定标准，即企业在新标准生效之前便已经率先达到新标准要求，则可按照原定征收额的 25% 的优惠比例缴纳税收；若企业不能满足新标准的要求，即使之前享受优惠税率，则在新标准生效后仍然需要转变为全额纳税。[2] 此外，如果工业排污者能够遵从 GAT（一般可接受技术标准）或者 BAT（最佳可用技术准则），则可享受 50% 的减税优惠，而符合上述技术标准的市政排污者，则可享受 15% 的减税优惠。总的来说，这种对达标与非达标排放采取差别征税政策的办法能够有效促使排污者不断改进生产工艺，优化污水处理设施，在污染减排方面发挥了较好的控制作用，有效地保证了污染排放水平持续降低。[3]

在税收收入的使用方面，由于德国的废水税收入 40% 来自工业企业，60% 来自市政活动，因此废水税收入主要由州政府进行支配，使用方向大致为市政污水处理以及水质提高方面。[4] 目前，德国的废水税收入使用已见成效，污水处理体系已构建得较为完善。例如，86% 的污水处理管网已经连接至乡村，超过 92% 的污水已经通过管网通道输入至污水处理厂进行净化处理。[5] 总体而言，自开征废水税之后，德国的公共污水处理厂的标准遵守率明显提高，并

---

[1] 陈雯：《中国水污染治理的动态 CGE 模型构建与政策评估研究》，博士学位论文，湖南大学，2012 年。

[2] 贾琳琳：《我国开征水污染税的制度研究》，硕士学位论文，河北经贸大学，2013 年。

[3] 司言武、李珺：《我国排污费改税的现实思考与理论构想》，《统计与决策》2007 年第 24 期。

[4] 高萍：《欧洲典型废水税方案及我国开征废水税的制度选择》，《中央财经大学学报》2012 年第 6 期。

[5] 马乃毅：《城镇污水处理定价研究》，博士学位论文，西北农林科技大学，2010 年。

且水体污染物的排放得到了有效控制。

概括来说，德国的废水税具有如下几方面的特点：

一是对废水以及水域均进行了明确的界定。对废水的定义不仅包括工业废水等常见污水，还将因建筑物固定而积聚的雨水也包含在内；对水域的界定不仅包括地表水，同时也包含地下水，形成了全方位的水资源保护体系。[①]

二是课税对象明确，并对"税"与"费"的征缴对象进行了明确的区分。仅对向天然水域排污的行为征税，对通过市政管网流入污水处理厂的污水不征收水污染税，仅收取污水处理费。

三是税率计算方式科学。递进上升式的税率标准既给予了纳税义务人足够的适应空间，也为污染减排活动指明方向，具有较强的刺激作用。

四是对废水有害性的评估较为综合而全面。"污染单位"涵盖了水体中可能包含的多种污染物，且纳税义务人所适用的税率按照污染物的有害性进行确定。

总体而言，德国的水污染税收制度较为科学合理，在水污染防治方面发挥着重要的积极作用，能够有效激励纳税人主动开展污染减排活动，有利于水体环境的全面保护。[②]

第三节　法国工业废水污染治理税收制度

法国作为最早探索征收水污染税的国家，对于水环境保护给予了高度重视。目前，法国与水污染治理相关的法律法规包括《污染治理法》、《市镇废水处理指令》、《独立净化污水条例》等，已经

---

① 斯琴波：《我国水污染税税制设计初步设想》，《商场现代化》2009 年第 6 期。

② 孙潇璇：《国外水污染税制度比较及构建我国水污染税制的设想》，《济宁学院学报》2008 年第 8 期。

形成了较为完善的污水治理法律体系。[①] 法国的环境税费制度涵盖了水资源开采、消费、供给、排放等众多环节，与水相关的税收收入在环境税收总收入中位居第二[②]，所征收的水资源费收入与排污费收入一同用于补偿流域机构开发水资源以及污染治理所需成本。

　　法国的水污染税始于 1968 年，水资源税政策以流域综合管理为基础，以增加财政收入为目标。根据法国相关法律规定，任何造成水质恶化、改变流域水环境以及在自然界取用水资源的行为均需要缴纳水资源税，且流域管理机构有权根据本流域具体情况制定流域内的水资源税费制度框架以及征收标准。法国的水资源税的征收额度同时取决于两方面因素：一是用水量的多少，二是消耗水量的多少，因此纳税人的应纳税额可用如下公式表示：

　　应纳水资源税额 = 取水量 × 相应取水费率 + 消耗水量 × 相应消耗费率

　　此外，应纳税额还同时受到取水地点以及水源地点等因素影响，例如，上游取水须缴纳的税费要高于下游取水的税费标准。[③]

　　法国对水资源的监管大致分为四个层次，即国家、流域、地区以及地方，并接受公众的监督。法国的每条流域均设有水利管理局和流域委员会，水污染税由水利管理局负责征收。虽然水利管理局和流域委员会两个机构在人员设置方面存在交叉重叠现象，但是其职责却各不相同。其中，流域委员会主要负责确定水污染税的税基与适用税率，而水利管理局由流域内地区以及地方单位代表、用户代表、国家代表以及水利管理局人士代表组成，具有民事资格，实行独立核算制度，主要负责税款的征收工作，并为流域内所有涉及共同利益的行动提供方便。法国的水污染税收制度将纳税义务人分

---

　　① 马乃毅：《城镇污水处理定价研究》，博士学位论文，西北农林科技大学，2010年。

　　② 贾琳琳：《我国开征水污染税的制度研究》，硕士学位论文，河北经贸大学，2013 年。

　　③ 王敏、李薇：《欧盟水资源税（费）政策对中国的启示》，《财政研究》2012 年第 3 期。

为家庭与非家庭两类，其中，将日排污量相当于 200 人每日排污量的排污单位视为非家庭纳税人，将人口超过 400 人的城镇视为家庭纳税人。两类纳税人适用不同税率，政府部门对非家庭纳税人的每个排污口所排放的污染物质分别进行检测，并将不同污染物按照种类分别划归到相应的税率级次；而家庭纳税人则是按照水费附加的形式征收水污染税，具体的附加额度由政府部门根据日均排污量、总人数以及废水中的团状物数量进行计算。与此同时，法国还特别规定，对于安装使用能够避免或者减少废水产生装置的企业，政府部门会向其颁发奖金，而奖金的具体金额则根据减排规模加以确定。① 此外，环境保护投资支出还可以享受税前扣除的优惠政策。

目前法国通过采取征收水污染税费、向水污染减排提供技术与资金支持、改进污水管网等措施，已经在水污染防治方面取得了一系列显著成效。截至 1995 年，法国已有 85% 的家庭住宅实现了下水道与污水处理厂的直接贯通，此后法国政府进一步提高污水处理标准，并要求所有市镇在 2005 年之前均需要建设符合欧盟环境标准的污水处理系统。目前，法国境内所有人口规模超过 2000 人以上的市镇均已设立了集中式污水处理厂，污水处理率已经超过 95%。②

总体而言，法国的水污染税的环境保护效果显著，极大地改善了水环境质量，在水体污染治理方面取得了卓越成效，不仅有效地激励了纳税人从事水体污染减排活动，同时也为环保工作提供了充足的资金来源。概括地说，法国所实行的水污染税具有如下两方面突出特点：

一是分别设立了流域委员会和水利管理局两个相互独立的机构部门，既能够相互监督，又能够相互配合。

二是对不同的纳税人按照不同的税率征收税款，并采取不同的税款计算方式，既能够有效地降低监管成本，又在一定程度上简化

① 孙漪璇：《国外水污染税制度比较及构建我国水污染税制的设想》，《济宁学院学报》2008 年第 8 期。

② 马乃毅：《城镇污水处理定价研究》，博士学位论文，西北农林科技大学，2010年。

了计征程序。①

第四节　俄罗斯工业废水污染治理税收制度

俄罗斯在对水资源征税方面具有较为丰富的经验，不仅对水污染行为进行征税，任何取用水资源的行为也同样需要缴纳相关税收。例如，《俄罗斯联邦税收法典》中明确规定，所有水资源的使用者以及虽然不取水但是使用水利设施者，均应当缴纳水资源税，这一规定有效地控制了水资源的使用量，防止用水者无限量地使用水资源，有效地预防了浪费现象的发生。此外，俄罗斯还特别针对向水体中排放污染物的行为征收税收，并规定超标排放含有有害物质的污水，以及超量排放符合标准的污水，均需要按照较高标准缴纳税款，并将水污染税的税收收入的10%列入联邦预算，专项用于联邦生态基金；30%列入联邦主体预算，60%列入地方预算，80%以上的上述两部分资金必须用于水资源设施的恢复以及保护项目。②

总体而言，俄罗斯水污染治理方面的税收制度有众多值得我国借鉴之处：一是征收范围广，不论是取水行为还是排污行为均需要纳税；二是税基根据纳税期内排污数量以及污染物达标程度加以确定；三是纳税义务人包括单位、机关、社会团体等各类组织与个人；四是能够合理利用税收优惠措施对污染减排进行激励。③

---

① 孙漪璇：《国外水污染税制度比较及构建我国水污染税制的设想》，《济宁学院学报》2008年第8期。

② 吕金花：《将水资源纳入资源税征收范围的税制设计机制分析》，《扬州大学税务学院学报》2010年第6期。

③ 杜灵芝：《我国开征水资源税问题的探讨》，硕士学位论文，天津财经大学，2011年。

第五节 韩国工业废水污染治理税收制度

为了最大限度地保护水体环境质量，韩国政府针对污水排放行为实行排放负担金政策，即按照排放污染物的污染程度对污水排放者征收负担金，并将负担金具体划分为基本负担金以及超标负担金两类。具体而言，负担金的征收范围覆盖了生化需氧量（BOD）、化学需氧量（COD）等17种水体常见污染物。与此同时，为了改善水体质量，韩国政府根据《以保护地下水资源和改善水质为目的的水管理法》，以销售额为依据对饮用水生产、销售企业征收水质改善负担金。此外，韩国政府还对发电用水、地下水等征收地区特别征收开发税，以此来保证地表水以及地下水资源的合理开发与利用。[①]

第六节 国外典型国家工业废水污染 治理税收制度对我国的启示

通过对上述国家的水污染税收制度相关经验的介绍，可以发现这些国家不仅对水污染税的税制要素进行了详尽而科学的界定，例如以污染物的排放量作为税基既简化了后续测算工作，又实现了应纳税额与排污量的直接联系，对纳税义务人能够产生较为明显的刺激效果，还专门设置由独立部门负责水污染税的征收与管理，例如法国的水利管理局、荷兰的水资源管理委员会等。此外，还以法律法规的形式明文规定税款只能用于水体污染防治或者水资源相关的政务管理方面，特别强调了专款专用的概念。整个税款征收过程的

---

① 沈琳、韩蕊慧、李佶：《国外保护水资源财税政策的简介与启示》，《涉外税务》2009年第3期。

监管较为严格，不同部门之间实现了相互监督与相互配合。总体而言，上述国家的税费征收力度适中，税率设置较为科学合理，并将环保激励措施包含其中，极大地推动了污染减排设施的应用与推广。①

一　国外典型国家工业废水污染治理税收制度总结

表4－1给出了荷兰、德国、法国以及俄罗斯的水污染税税收制度的概况，通过对比分析，可以总结出上述国家在开征水污染税方面存在如下几点共同之处。

表4－1　　　荷兰、德国、法国、俄罗斯水污染税概况对比

国家	荷兰	德国	法国	俄罗斯
名称	《地表水污染税》	《废水污染税》	《水污染税》	《向水资源设施排放污染物税》
征收目的	为污水处理厂以及企业内部污染减排活动提供资金	促使排污者实现排放物达标，保护和改善水质	为环境保护工作提供资金支持	保护、恢复水资源设施
征收主体	省级政府所属的水资源管理委员会	州政府	水利管理局	联邦政府
纳税义务人	向地表、净化工厂直接、间接排放废弃物、污染物、有毒物质的单位和个人	向地表水以及地下水等水域中直接排放污染物的单位和个人	排放污水的单位及个人	超量、超标排放污水的单位及个人
计税依据	废弃物、污染物以及有毒物质的数量与质量	废水的有害性	非家庭纳税人：排放的污染量；家庭纳税人：日均排污量、总人数以及废水中的团状物数量计算水费附加额	超量、超标排放的污水

① 贾琳琳：《我国开征水污染税的制度研究》，硕士学位论文，河北经贸大学，2013年。

续表

国家	荷兰	德国	法国	俄罗斯
税率	不同水资源保护区实行不同税率	全国统一制定，不断提高	非家庭纳税人：税率级次； 家庭纳税人：水费附加	差别定额税率
优惠政策	使用水污染减排设备加速折旧，政府对于上述设备的研发资金按60%的比例给予支持	企业达到标准要求，按照原征收额的25%纳税；工业排污者遵从GAT或者BAT，享受50%减税优惠，市政排污者享受15%减税优惠	政府部门向安装使用废水减排装置的企业颁发奖金；环保投资支出可以税前扣除	—

第一，构建了严格且完备的法律法规体系，水污染税收制度受到立法保护，以专门的法律形式加以明确。荷兰的《地表水污染法》、德国的《废水纳税法》等均以法律法规形式确保了税收收入的征收，相对于排污收费制度而言，在法律层级、权利义务对等性、监管刚性等方面均体现出更强的规范性。

第二，合理划分中央、地方职责，赋予地方更大的自主权，能够结合本地区实际情况制定水污染税制度。具体而言，地方政府是水污染税的主要征收部门，中央与地方在税收征管工作上合理分配职责。德国的水污染税由联邦下属的各州负责征收，荷兰以及法国由省级水资源管理委员会以及流域水利管理局负责征收。由于地方政府部门更为了解当地企业排污状况，具有明显的信息优势，因此从总体上看，中央政府较少直接参与水污染税的税基与税率的确定工作。

第三，部门分工有序，参与者众多，能够有效协调各方利益。组建能够代表各阶层利益的水资源治理机构，充分听取不同利益集团的呼声，在民主协商的基础上共同推进水资源的生态治理事业。

第四，税基的确定充分结合了本国实际情况与技术水平。德国与荷兰在税基确定方面进行了详细的规定，主要依据有害单位或者污染物浓度计征税款，法国与俄罗斯以排污量为税基，有效降低计征成本。①

第五，税率灵活并保持中性，并辅之以相关的税收优惠政策，对特定群体给予税收返还或者税收优惠政策倾斜，降低了征税对经济社会所产生的影响。上述国家的水污染税税率较为灵活，法国由水利管理局根据本地情况制定税率，德国根据废水中的污染成分进行差别化征收，荷兰对不同水资源保护区实行差别税率。这些措施既能够以税收收入弥补污染行为所造成的环境损失，又能够对排污企业产生减排激励作用，同时还能够兼顾不同产业的经济竞争力，保持了税收中性。②

二　国外典型国家工业废水污染治理税收制度启示

通过总结上述国家在征收水污染税方面的经验之后，可以使我国开征水污染税获得如下几方面启示。

第一，政府部门在税收管理中发挥重要作用。从国外经验来看，不论是联邦制还是单一制国家，不论水资源是否丰富，各国政府对于水资源税费的管理均表现出高度重视的态度，并对不同政府部门进行了科学合理的角色定位，以便充分发挥职责功能。此外，各国政府还通过加强立法、完善制度、创新政策等方式，不断优化水资源税费的征管工作。因此，我国在未来排污费改税的道路上，应当强化政府部门角色定位，明确不同部门所承担的职责要求，加强税收征管水平，以此实现保护水体、提高水质、削减污染排放的目标。

第二，税收政策目标明确。在制定税收政策时，不同国家根据自身具体情况，分别有不同的政策倾向性，不同国家之间的具体税收规定各不相同，甚至同一国家不同地区的税制要求也存在差异。

---

① 王赟超：《基于环境税框架下的水污染税税率设计研究》，硕士学位论文，南京财经大学，2012 年。

② 肖加元：《欧盟水排污税制国际比较与借鉴》，《中南财经政法大学学报》2013 年第 2 期。

因此，我国在制定水污染税收政策时，应当首先明确政策目标，以保证获得更好的政策执行效果。[1]

第三，税基与税率科学合理，保持税收中性。税率的高低会对企业活力以及国家经济发展产生深远影响。税率过高不仅会制约企业发展，对经济产生负面影响，还会产生"过度清洁"问题；税率过低则无法发挥税收调节作用，难以达到污染减排的目的。实践证明，只要将税负保持在一个较为合理的区间之内，便可以实现既有效地解决污染引起的社会负效益问题，又避免对经济发展造成过大程度的影响的"双赢"局面。上述国家在确定税基以及税率时，均对本国的资源优势与工业竞争力进行了充分的考虑，力争将水污染税的开征对经济发展的影响降至最低，成功地创造了社会效益与经济效益"双赢"的局面。因此，我国在未来开征水污染税时应当立足于本国实际国情，兼顾不同地区以及行业的实际情况，平衡自然环境与经济利益之间的关系，科学确定税基，合理运用差别税率，并辅之以适当的减免税优惠政策，在保持税收中性的同时，实现水污染减排的目标。

第四，水污染税应当在环境税框架之下开征。国外发达国家的水污染税通常都不是独立的税种，而是针对不同污染项目所构建的环境税收体系中的一部分。由于生态环境治理问题涉及范围较广，而水污染减排仅是其中一部分，因此，水污染税的征收应该与其他环境税收相互配合，利用不同税种之间的税率差异、减免税制度以及可能存在的替代关系等形成一个符合我国国情的环境税收框架，利用税收方式全方位地解决我国环境问题。

第五，开征水污染税需要多种手段协调配合。考虑到水污染治理是一个综合性问题，需要多方面配合才能获得理想效果，因此发

---

[1] 王敏、李薇：《欧盟水资源税（费）政策对中国的启示》，《财政研究》2012 年第 3 期。

达国家除了开征水污染税之外，通常还会利用其他手段进行综合协调治理。在我国开征水污染税之后，也应当综合利用不同手段与方法，通过政策措施之间的相互配合与协调，达到污染减排、环境保护的目标。①

①　姜泽平：《我国开征污染税制度构想》，硕士学位论文，山东科技大学，2010年。

第五章 中国工业废水污染治理税收制度设计及税率估算

第一节 中国工业废水污染治理税制要素设计

自 20 世纪 70 年代以来，我国政府采取了多种政策措施治理水污染问题，其中关停政策在工业废水污染治理中发挥了最为显著的效果。但是，水污染治理作为一项综合性较强的课题，仅仅依靠简单的关停手段难以获得理想的治理效果。只有利用切实有效的长效机制加以治理才能够使水环境质量得到全方位的提高，具体来说则需要多角度地运用基于市场的经济手段对排污者负外部性行为进行约束与激励，才能够最终获得符合环境政策目标的治理结果。[①]

作为国家宏观调控的重要工具，税收政策在水体污染物减排方面能够发挥其他经济手段难以替代的作用。水污染税是国家为了更为有效地控制排污者向水体中排放污染物、废弃物以及有害物质而征收的税，具有一定的调节性质，其主要目标在于通过税收的杠杆效应对水环境起到保护作用，减轻或者防止水资源遭受进一步的污染与破坏。由于水污染税主要通过税制要素来发挥对污染排放主体行为的调节作用，并达到促使其转变行为方式、削减污染物排放的目标，因此水污染税的税制要素设计直接关系着该税种开征之后能

---

① 陈雯:《中国水污染治理的动态 CGE 模型构建与政策评估研究》，博士学位论文，湖南大学，2012 年。

否达到预期效果，占据着举足轻重的地位。

总的来说，在对水污染税制要素进行设计的过程中，既要保证该税种开征之后能够充分发挥污染减排调控作用，又要考虑到我国企业的承受能力以及与现行其他税种存在的相互配合关系，在最大程度上保证税制结构的优化。概括地说，水污染税应当以水资源优化配置和减少水体污染物排放为重点，在遵循"全面课征、税负公平、合理调节、简便易行"基本原则的基础上[①]，按照"环境目标优先、税收收入专款专用、保持税收中性、增强可操作性以及分阶段逐步实施"的思路，在借鉴发达国家的相关税制范式的基础上，结合我国具体国情，对税制要素加以设计，构建出水污染税的基本框架。开征水污染税之后，其短期任务主要集中在制度建设方面，而长期任务则以制度完善为重点，逐步深化水污染税制改革。[②]

一　纳税人的确定

从税收公平和增强污染治理效果的角度来看，未来我国水污染税应当遵循"普遍征收、重点调节"的方向发展。从理论上说，按照"污染者付费"原则，凡是存在对水体造成污染的行为，即向我国境内水域（地表水以及地下水）中排放工业废水、城镇居民生活废水以及农业废水的单位及个人均为水污染税的纳税义务人，应当缴纳水污染税。[③] 纳税义务人采用上述方式加以确定具有两方面的益处：一是利于水资源获得合理的开发利用；二是将排污者，即水资源使用的第一受益人界定为纳税义务人能够确保税收调控作用更为有效地发挥。[④]

但是，考虑到我国的现实情况，在短期内可仅对工业废水排放

① 佘秀娟：《开征水资源税促进水资源可持续利用》，硕士学位论文，西南财经大学，2007 年。

② 陈雯：《中国水污染治理的动态 CGE 模型构建与政策评估研究》，博士学位论文，湖南大学，2012 年。

③ 肖加元：《欧盟水排污税制国际比较与借鉴》，《中南财经政法大学学报》2013 年第 2 期。

④ 吕金花：《将水资源纳入资源税征收范围的税制设计机制分析》，《扬州大学税务学院学报》2010 年第 6 期。

者征税，待积累一定的征管经验以及污染物监测技术更为成熟之后，再将农业废水和生活废水的排放者纳入纳税义务人范围之内。[1]

二 征税对象的确定

在确定征税对象时应当首先考虑两方面的问题：一是我国的水体污染物的主要来源；二是开征水污染税之后与目前污水处理厂提供有偿服务所征收的污水处理费如何进行协调。[2]

水资源的自然属性决定了其在生产以及生活中的广泛应用，可能造成水体污染的来源非常广泛。[3] 目前，我国的水体污染源主要有工业源、生活源、农业源三类。从理论上说，由于公平原则是税收的基本原则，因此水污染税的开征应当具备普遍性，即征税对象应当包含一切排污行为以及环境非友好产品，全面覆盖三类水体污染源。但是，由于水污染税涉及众多主体，不同主体的污染产生环节与过程各不相同。若完全依照理论确定征税对象，即对全部污染物进行征税，从目前的技术水平来看尚不具备条件，不仅会造成征收成本过高，还会降低水污染税的可操作性，不符合税收便利原则。[4] 因此，应当根据目前我国水体污染的具体情况以及环境保护的政策目标，采取循序渐进的方式开征水污染税。[5] 由于农业废水排放具有分布范围广泛的特点，且以面源污染居多，以现有的技术水平难以在短期内实现准确计征，在污染物排放监测与征收管理方面均存在一定的难度，因此，可对农业废水暂缓征收水污染税。而对于工业废水和生活污水来说，则可以分步骤开征水污染税，按照"先易后难、稳步前进、逐步完善"的原则，首先从易于征管且污染现象较为严重的工业废水入手，待积累了一定的征管经验之后，

---

[1] 陈雯：《中国水污染治理的动态 CGE 模型构建与政策评估研究》，博士学位论文，湖南大学，2012 年。

[2] 高萍：《欧洲典型废水税方案及我国开征废水税的制度选择》，《中央财经大学学报》2012 年第 6 期。

[3] 肖加元：《欧盟水排污税制国际比较与借鉴》，《中南财经政法大学学报》2013 年第 2 期。

[4] 同上。

[5] 姜泽平：《我国开征污染税制度构想》，硕士学位论文，山东科技大学，2010 年。

再逐步扩大征收范围，对生活污水征税。①

但是，对工业废水征税也存在一些需要解决的问题，即如何处理水污染税与污水处理费之前的关系问题。简单地说，废水排放有直接排放与间接排放两种方式，直接排放是指经过处理或者未经处理直接将废水、污水排入水体之中，而间接排放是指废污水在经过城镇污水处理厂处理之后再向外排放。由于间接排放需要污水处理厂提供有偿服务，即排污者需要缴纳污水处理费，而该项费用收入主要用于对排污管网和污水处理设施的运行维护成本进行补偿。由此可见，污水处理费与水污染税具有截然不同的性质，前者是服务性收费，后者则是税收，二者在性质上的差异则决定了我国的水污染税应当仅对直接排污行为进行征收，而不包括间接排污行为②，即对于工业生产过程中所产生的废水如果经过排污管网排入污水处理厂，则只需缴纳污水处理费，无须缴纳水污染税，只有直接向水域中排放的工业废水需要纳税。③

三 计税依据的确定

当前，发达国家水污染税的计税依据主要包括废水排放量、污染物以及有毒物质的含量、污染性企业的销售量以及依据废水有害性所确定的"污染单位"等，其中，以污染物的排污量以及排放浓度为基础所确定的计税依据应用最为广泛。这种计税依据的确定方法不仅能够对排污者产生直接的刺激作用，激励其从事污染治理活动，进而实现污染物减排的目的，还能够给予企业一定的自主空间，方便其自由选择更为符合自身情况的治理方式，有利于资源的优化配置。④

---

① 王赟超：《基于环境税框架下的水污染税税率设计研究》，硕士学位论文，南京财经大学，2012 年。

② 高萍：《欧洲典型废水税方案及我国开征废水税的制度选择》，《中央财经大学学报》2012 年第 6 期。

③ 肖加元：《欧盟水排污税制国际比较与借鉴》，《中南财经政法大学学报》2013 年第 2 期。

④ 陈雯：《中国水污染治理的动态 CGE 模型构建与政策评估研究》，博士学位论文，湖南大学，2012 年。

从理论上说，水污染税的计税依据的确定主要有三种方式：一是按照废水排放量加以确定；二是按照废水中的主要污染物含量加以确定；三是按照工业废水排放数量以及污染程度加以确定。不同的计税依据确定方式利弊各不相同，有的更符合效率原则，有的更符合公平原则。[①]

表 5 - 1 给出了不同方案之间优缺点的比较。目前，国内学者在对开征水污染税进行相关研究时，普遍采用方案一的方法对计税依据加以确定，并采用定额税率方式进行征税。这种方法虽然在技术层面上更为简便可行，征管成本也较为低廉，并且能够有效地对废水排放总量进行控制，但是也存在一定的弊端。举例来说，定额税率一经确定，便容易产生污染物浓度等因素被忽略的情况，不利于对污染排放浓度进行控制。此外，对于不同纳税义务人而言，虽然所排放的废水具有不同浓度以及不同危害程度，但只要排放量相同，便缴纳同等数额的水污染税款。这种计税依据的确定方法显失公平，对排污者从事污染减排活动的激励作用极为有限。

表 5 - 1　　　　　　　　水污染税不同计税依据方案比较

	计税依据	优点	不足
方案一	废水排放量	技术上易实现；利于控制排水量	难以控制污染浓度；不符合纵向公平原则
方案二	废水主要污染物含量	利于控制污染浓度	监测与征收成本过高；易造成水资源浪费
方案三	工业废水排放量以及污染程度	利于控制污染物排放总量；利于降低污染物排放浓度	监测技术要求较高；征管难度大

资料来源：参照樊勇、籍冠珩《工业水污染税税率测算模型的构建与应用》并做部分修改。

---

① 高萍：《欧洲典型废水税方案及我国开征废水税的制度选择》，《中央财经大学学报》2012 年第 6 期。

　　法国目前实行的水污染税的计税依据为方案二中所示方法,这一方案更倾向于检验企业污染排放行为对水体以及生态环境所造成的危害程度。但是,由于这一方案对负责污染物监测的环保部门提出了较高的技术要求,实施难度与监测成本均较高。此外,由于水体中污染物种类众多,这种方法难以对全部污染物进行监测,因此不具有全面性。

　　方案三将废水排放量以及污染程度两个因素共同列为计税依据,既有利于控制污染物排放总量,又有利于降低污染物排放浓度,兼顾了横向公平与纵向公平,是理论上最为理想的计税依据确定方法。但是,由于该方案要求分别对废水的排放量以及废水的污染程度加以监测,因此征管难度、计征成本以及污染排放监测技术水平均高于其他方案。

　　总体来看,上述三种计税依据备选方案中,方案三是我国水污染税计税依据的首选方案。与方案一相比,方案三将污染程度因素涵盖其中,不仅加强了对污染物排放浓度的控制程度,且不同纳税义务人也会因污染程度不同而负担不同的应纳税额,因此更加符合纵向公平原则。与方案二相比,方案三在其基础上添加了工业废水排放量这一因素,能够更为有效地鼓励企业节约用水。因此,方案三的计税依据的确定方法更为全面,且能够起到引导企业节水减排、优化资源配置的目的,是我国工业水污染税计税依据确定的可行办法。[①]

　　四　税率设计

　　由于本章下一节将专门针对我国工业水污染税税率进行测算,因此,本部分仅对税率设计的原则加以阐述。

　　税率的确定关系着水污染税征收的最终效果,既要结合征税目的,又要考虑纳税义务人的实际负担能力,还要考虑地区间现实差异以及避免引发污染物的区域性转移等众多问题。

---

　　① 樊勇、籍冠珩:《工业水污染税税率测算模型的构建与应用》,《经济理论与经济管理》2014 年第 9 期。

作为税收政策中最为关键的要素，税率的高低直接关系到课税的深度和纳税人的负担程度，也直接影响到对污染物排放的调节程度。因此，在确定税率时，应当重点注意以下几方面问题。

一是税率水平应当科学合理。税率设计应当充分考虑纳税人所能承受的程度，同时还应当体现出对污染排放行为的惩罚。不同的税率水平通常会产生不同的激励效果，促使纳税人作出不同的选择。当税率水平过低时，纳税义务人在经济利益的驱动之下，会选择相对而言成本较低的纳税方案，造成宁可纳税也不采取治污措施的扭曲局面，使水污染税的开征难以获得预期效果，在污染控制、改善环境质量方面的调控功能力度不足，形同虚设；当税率过高时，不仅会因"过度清洁"而付出过高的代价，还会使纳税义务人的负担过重，不利于提高企业竞争力和优化资源配置，对社会以及经济发展均产生负面效应。[1] 此外，对于需求弹性较小的产品而言，过高的税率还会迫使生产企业转嫁税负，甚至可能引发成本推动型通货膨胀。[2] 因此，水污染税税率的确定应当奉行适度原则。只有合理的税率水平才能够在促使企业从事污染减排活动，刺激纳税人安装使用污染减排设备、采用清洁生产方式以及进行污染减排研发工作的同时，不为企业添加过高的负担，不影响其活力。

通常来说，水污染税的有效税率应当至少高于企业为污染减排而发生的边际成本，并且只要能够将污染物排放水平控制在自然环境自净限度之内即可。理论上将污染物平均治理成本作为确定水污染税率的重要参考依据，并且要求水污染税的税率能够反映出污染排放对环境以及社会所造成的成本。因此，理想的水污染税的税率水平应该等于因削减单位污染物而增加的单位社会效益所需要的边际社会费用。但是，事实上，这种税率很难在实际操作过程中加以

---

① 陈雯：《中国水污染治理的动态 CGE 模型构建与政策评估研究》，博士学位论文，湖南大学，2012 年。

② 司言武、全意波：《我国水污染税税率设计研究》，《涉外税务》2010 年第 11 期。

确定，因此实践中通常以次优税率加以替代。①

二是应当采用差别税率。考虑到我国幅员辽阔，不同地区的自然条件差异较大，不仅水资源分布情况、产业发展状况以及对生态环境的要求各不相同，在水污染治理成本方面也存在地区性差异，因此，在设计税率时应当体现出地区分布、行业分布等差异性特征，结合不同地区的实际情况，采取差别税率政策。此外，还需要赋予地方政府一定的税收自主权，以此来保证水污染税能够因地制宜地发挥调节功能，提高税收治理效率。②

三是税率设计应当体现灵活性。一方面，从长期来看，水污染防治技术会随着时间变化而体现出不断进步的特征，污染治理的边际成本会逐渐下降。因此，水污染税的税率水平应当随着不同时期污染治理的技术与方法的更新而引起的治污边际成本降低而进行适时调整，以此来充分反映技术进步因素，而不是保持一成不变。③但是，需要指出的是，税率的调整频率不应过高，在体现国家税收政策的灵活性的同时，还应当保证政策的一致性。④另一方面，水污染税的税率水平的确定还应当体现出循序渐进的思想，即在水污染税开征初期，为了获得更多纳税人的认可与支持，可以采用略低的税率进行征收，在水污染税开征，并得到社会各界的广泛认可之后，再逐步回升到理论上测算的期望水平。⑤

此外，确定水污染税的税率水平时还应当考虑到水污染税与其他税种的相互配合问题。由于每个税种都不是独立存在的，都会与其他税种存在一定的关联关系，因此，只有以全局观念从整体上确定税负，才能够使水污染税达到最优调控目标。

---

①　佘秀娟：《开征水资源税促进水资源可持续利用》，硕士学位论文，西南财经大学，2007 年。

②　同上。

③　同上。

④　司言武、全意波：《我国水污染税税率设计研究》，《涉外税务》2010 年第 11 期。

⑤　贾琳琳：《我国开征水污染税的制度研究》，硕士学位论文，河北经贸大学，2013 年。

五 征收、管理、使用权限的确定

(一) 税收立法权的确定

鉴于水体污染治理问题具有覆盖面广泛且区域性强的双重特点，因此，水污染税制度要素应当由中央政府从全局性视角出发进行制定，以此来确保水污染税的税收负担在全国范围上保持在一个合理的水平之内。此外，考虑到我国幅员辽阔，不同地区之间在经济发展程度、自然资源分布、生态环境质量等方面均存在较大的差异，因此还应当赋予地方政府一定的税收自主权，即在中央政府制定的税收制度框架之下，地方政府能够结合本地区水资源分布特征、环境质量状况等具体情况，对水污染税进行一定的调整，使其更加符合本地区环境保护目标，增强税收的调控作用。①

(二) 税收征管权限的划分

考虑到税收征管的有效性将会直接影响到税种调节作用的发挥程度，因此应当按照"易于征管"和"征管成本最小化"原则对征管权限加以确定。② 水污染税的征收涉及诸多环境保护技术与标准问题，对专业知识以及技术水平均有较高的要求，同时，污染物排放监控设施也需要大规模的资金投入。鉴于部分监控检测设备与环境保护部门相关设备存在交叉重叠现象，因此，环保部门有必要协助税务机关对水体污染物的数量与浓度进行检测，提供技术、人员以及设备方面的支持，形成税务机关与环保部门协调配合的机制，不仅能够提高污染物监控效率以及检测准确性，还能够极大地节约征管成本，避免重复投资。具体而言，环保部门可以利用自身的专业技能、技术设备以及在污染排放方面的信息优势，对纳税人所排放的废水中污染物种类与数量进行监测，协助税务部门划分污染等级，实现区别征收，强化管理。③ 税务部门则可以根据环保部门提供的相关信息，对应纳税额进行计算与征收。而具体实施细则则需

---

① 韩志成：《我国水污染税制度建设构想》，《广西社会科学》2003 年第 1 期。
② 刘先一：《课征水污染税的构思》，《中国环境资源法学研讨会》2005 年。
③ 王赟超：《基于环境税框架下的水污染税税率设计研究》，硕士学位论文，南京财经大学，2012 年。

要两个部门共同协商确定，并对不同部门的具体职责加以明确。此外，对于工业废水而言，水污染税的征收还可以采用排污企业向税务部门自行申报方式，环保部门则仅负责日常对纳税义务人污水排放情况的监测，避免企业进行瞒报、漏报以及谎报。这种税收征管方式不仅能够节约征税成本，还可以有效地提高征管效率。①

（三）税收收入的划分

按照"成本收益内在化"的原则，应当根据污染治理受益区域的范围对水污染税的税收收入进行分配。② 通过借鉴国外水污染税收制度的相关经验，并且考虑到水污染税既需要中央进行统筹安排，又需要地方政府因地制宜地进行调控，因此可将该税种确定为中央地方共享税，并由中央负责统一立法。③ 在税收收入划分问题上，按照受污染水域范围进行确定，即地方性水域归属地方税，由地方税务部门负责征收与管理，税收收入主要用于地方性水环境治理；跨区域、跨流域的大江大河等全国性水域的污染防治税收收入归属中央，由国家税务部门负责征收与管理。④

（四）税收收入的使用方向

水污染税收入的使用应当体现出"取之于水、用之于水"的思想，单独列账，严格奉行专款专用制度，专项用于与水污染治理有关方面的支出。⑤

总的来说，专款专用制度有两方面的好处，一是新税种的开征难免会面临来自社会各界的阻力，而专款专用制度能够在很大程度上提高公众的接受程度，弱化推行新税种可能遭受的障碍，有利于新税种的顺利推行；二是专款专用制度较为符合庇古税的初衷，即

---

① 肖加元：《欧盟水排污税制国际比较与借鉴》，《中南财经政法大学学报》2013年第2期。

② 韩志成：《我国水污染税制度建设构想》，《广西社会科学》2003年第1期。

③ 刘先一：《课征水污染税的构思》，《中国环境资源法学研讨会》2005年。

④ 贾琳琳：《我国开征水污染税的制度研究》，硕士学位论文，河北经贸大学，2013年。

⑤ 杜灵芝：《我国开征水资源税问题的探讨》，硕士学位论文，天津财经大学，2011年。

在将污染排放所产生的负外部性内部化为排污者私人成本的同时，将税收收入用于污染治理以及环境保护，不仅充分地体现了"收"与"支"的对应，"污染"与"治理"的对应，同时还很好地解决了长期以来我国环保部门资金短缺的问题，有助于环保工作的顺利开展。①

具体而言，水污染税收收入应当主要用于如下几方面：一是水环境的恢复与整治；二是对水污染防治项目的研发提供资金支持；三是重大水环境破坏事件的调查及处理；四是水资源的有效利用、水污染的预防与治理；五是节水以及水环境保护奖励。②

六 税收优惠的内容

从理论上说，水污染税的开征旨在通过增加企业污染排放成本，通过利用价格机制来引导企业从事污染物削减活动，而减免税优惠政策势必会削弱税收的调控作用，违背开征水污染税的初衷。③

但是，在实践中税收优惠政策仍然有存在的必要性，一方面，由于考虑到水质保护工作具有正外部性较强，社会效益明显，而投资规模大，回收期限长等特征，使得企业主动投资的积极性不足，而税收优惠政策的制定则能够起到鼓励企业投资于水资源保护项目的作用，有利于水环境保护工作的顺利开展；④另一方面，由于征税有可能会给企业带来竞争力下降的不良影响，因此，为保持经济的平稳发展，在开征水污染税的同时，需要寻找税收调控作用与企业承受能力之间的平衡点，适当实行税收优惠政策，以此来保证纳税人负担的减轻。⑤

---

① 高萍：《欧洲典型废水税方案及我国开征废水税的制度选择》，《中央财经大学学报》2012 年第 6 期。

② 杜灵芝：《我国开征水资源税问题的探讨》，硕士学位论文，天津财经大学，2011 年。

③ 高萍：《欧洲典型废水税方案及我国开征废水税的制度选择》，《中央财经大学学报》2012 年第 6 期。

④ 佘秀娟：《开征水资源税促进水资源可持续利用》，硕士学位论文，西南财经大学，2007 年。

⑤ 高萍：《欧洲典型废水税方案及我国开征废水税的制度选择》，《中央财经大学学报》2012 年第 6 期。

　　水污染税税收优惠政策是国家为了激励与扶持水污染治理产业，而在税收方面给予的照顾措施，能够起到鼓励纳税人进行绿色生产与消费的作用，在提高纳税人改善水环境的积极性的同时，也有助于培养其环保意识。在税收优惠方面，国外多数国家的普遍做法是先制定较为苛刻严格的环境保护税收制度，然后通过各种形式的减、退、免以及补贴等方式降低企业实际承担的税负水平。① 我国在确定水污染税的税收优惠政策时，应当针对不同情况加以区别对待，分别采用不同的优惠方式，争取以最小的成本获得最优的激励效果。②

　　第一，对于因开征水污染税而对工业企业的竞争力造成的影响，应当主要通过"收入中性"方式加以解决，即可以在开征水污染税的同时，通过降低其他税种的税负，将总税负控制在企业可承受范围之内。具体而言，可以通过降低部分流转税或者所得税税负，使纳税人不因开征新税种而增添额外税收负担。与此同时，不同税种之间税负的调整变化还会起到税基转移、优化税制结构的作用，不同行业的行业税负的变化有利于加速我国产业结构的升级。③

　　第二，对于积极使用环保技术、污染减排技术以及污染防治设备，且在一定期限内污染削减成果突出的企业，可以享受一定期限内的一定数额的税收返还或者税收补贴优惠政策，以此来鼓励企业继续采用先进污染减排设备与工艺。税收返还是政府按照国家有关规定采取先征后返（退）、即征即退等办法向企业返还的税款，属于以税收优惠形式给予的一种政府补助，实质上具备一定的转移支付性质，既有助于激励企业更多地从事污染减排活动，又为企业提供了环保资金。④

　　第三，企业购进并使用的水体污染削减设备应当享受加速折旧

　　① 姜泽平：《我国开征污染税制度构想》，硕士学位论文，山东科技大学，2010 年。
　　② 高萍：《欧洲典型废水税方案及我国开征废水税的制度选择》，《中央财经大学学报》2012 年第 6 期。
　　③ 同上。
　　④ 袁文卿：《水环境污染治理的税收政策》，《环境保护》2004 年第 2 期。

优惠政策，或者增值税进项税抵扣优惠政策。加速折旧是指在固定资产的使用期间内，前期折旧多，应纳税额少，后期折旧少，应纳税额多。总的来说，加速折旧与直线折旧的折旧总额虽然相同，即应纳税额相同，但却是一种变相的税额递延。对于企业而言，延期纳税的政策相当于使其获得一笔无息贷款，而政府部门则在当期相应地损失了数额相当于纳税义务人从银行借入等额资金的成本。在加速折旧政策中，政府部门仅需要承担较低的成本，便可以起到鼓励企业投资于污染减排设备和工艺的作用，且激励效果较为明显。①

第四，要注意将税收优惠的重点从传统的事后鼓励向事前扶持转移，不断加强税收对于水体污染治理方面的科研与技术开发方面的推动作用。具体来说，可以按照企业的投资额或者销售额的一定比例计提水污染治理研发基金，并允许税前扣除，以此来达到降低企业研发、使用新技术的风险。②

但是，不论企业是享受减税还是免税政策，在减免优惠期内，仍然需要接受来自环保部门的监测。当企业在税收优惠期限内出现超标排污行为时，环保部门不仅会对其进行行政性处罚，还会取消其享受减免税优惠政策的资格，且此后一定期限之内该企业不再具备申请减免税优惠待遇的资格。③

此外，由于开征新税种不可避免地会给企业带来新的税收负担，对企业的竞争力造成一定影响，因此在水污染税正式开征之前，应当做到尽早发布公告，加强宣传力度，给予企业充足的准备时间。④

---

① 佘秀娟：《开征水资源税促进水资源可持续利用》，硕士学位论文，西南财经大学，2007 年。

② 司言武、李珺：《我国排污费改税的现实思考与理论构想》，《统计与决策》2007 年第 24 期。

③ 韩志成：《我国水污染税制度建设构想》，《广西社会科学》2003 年第 1 期。

④ 王赟超：《基于环境税框架下的水污染税税率设计研究》，硕士学位论文，南京财经大学，2012 年。

第二节　基于 Logistic 模型的工业
水污染税税率估算[①]

环境税理论认为最优税率能够使污染削减的边际成本与边际社会损失相等，因此，理论上的最优水污染税税率应当等于由于排污行为所造成的边际环境损失，具体包括环境损害、人体损害以及资源消耗等社会成本。但是，由于实践中最优税率始终处于动态变化过程之中，因此难以对其进行准确的确定，或者难以加以实施。因此，在税率设计时，往往利用折中的办法对理论上的最优税率进行替代。

此外，需要特别说明的是，鉴于本书将在第六章节以 2010 年我国投入产出表为基础编制 ESAM，并进行 CGE 模型模拟研究，为保持数据的一致性，本节对工业水污染税税率估算过程中所涉及数据皆为 2010 年数据。

一　工业水污染税税率估算思路概述

由税收相关理论可知，税率应当等于应纳税额与税基二者的商，即：

税率 = 应纳税额/税基　　　　　　　　　　　　　　　　(5.1)

因此，水污染税税率的确定也应当遵照这一原理。考虑到水污染税的应纳税额，即污染排放行为对环境、经济以及社会所造成的成本难以进行准确测算。因此，一个较为可行的折中办法是：以水体中所含的污染物所引发的经济损失估计值对社会成本进行替代，即使用水体污染物所引发的经济损失估计值与税基对水污染税税率进行确定。具体而言，就是首先对水体污染物对经济所造成的损失进行估计，并将估计值平均分摊到每单位工业废水排放量上，最终

---

① 本节内容主要参照樊勇、籍冠珩（2014）以及司言武、全意波（2009）的文献进行模型构建与税率测算。

所求得的结果便可视为每单位废水需要负担的治污成本,即工业水污染税税率。[1]

因此,工业水污染税税率可用如下公式表示:

$$t = \frac{S}{N} \qquad (5.2)$$

其中,t 为工业水污染税税率,S 表示工业水体污染引起的经济损失,N 表示工业水污染税税基。

二 基于 Logistic 模型的工业水污染经济损失估算[2][3][4]

水的自然属性决定了社会各界对其的广泛使用,水资源的丰盈程度以及水体质量对社会经济均会产生举足轻重的影响。因此,可将水质视为衡量社会经济价值的一项重要指标。当水体环境遭受到污染时,社会经济也会随之蒙受一定损失,而损失的具体程度则受水质状况的影响。

(一) Logistic 模型简介

通过参考樊勇和籍冠珩 (2014)、孟建国等 (2008)、李亚松等 (2009) 的相关文献,利用 Logistic 模型对工业水污染引起的经济损失加以估算。

Logistic 函数,也称生长曲线函数,最早由美国的生物学家、人口统计学家 R. Pearl 以及 J. Reed 于 1920 年在生物繁殖相关研究中发现。其后,该模型被广泛使用于描述生物的生长过程之中。由于该模型能够较好地反映事物的产生、发展、成熟以及最终达到极限的过程,因此也可用于描述产业的成长过程。

此后,詹姆斯在研究中发现污染物对水体环境造成的负面影响

---

[1] 樊勇、籍冠珩:《工业水污染税税率测算模型的构建与应用》,《经济理论与经济管理》2014 年第 9 期。

[2] 孟建国、苗丽华、刘洪瑞:《基于 Logistic 模型的水污染经济损失计量研究——以大沽夹河为例》,《新疆环境保护》2008 年第 3 期。

[3] 杨清伟:《重庆市水污染经济损失的初步估算》,《中国农村水利水电》2008 年第 4 期。

[4] 朱发庆、高冠民、李国佩、栗晋斌、秦工一:《东湖水污染经济损失研究》,《环境科学学报》1993 年第 2 期。

所带来的经济损失与污染物浓度并不呈线性关系，而是通常表现出"S"形的非线性关系，即当污染物浓度较低时，对经济带来的损失并不明显，而随着污染物浓度逐渐增高，经济损失表现出迅猛激增的态势，但是，当污染物浓度继续增加，并且超过一定界限之后，经济损失则变为以减速形式上升，直至达到损失的极限。詹姆斯将这一现象用"污染损失—浓度曲线"加以表述。由于水体污染物浓度与经济损失之间呈现出的"S"形非线性关系，故而该曲线又称"S"形曲线。

概括地说，"污染损失—浓度曲线"具有"不通过原点、单调性、有界性"等特点，其图形如图5-1所示。

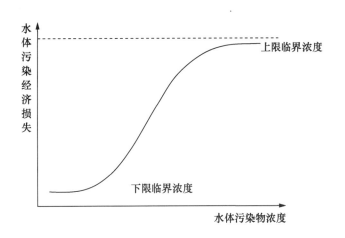

图5-1 水体污染物浓度与经济损失关系

（二）Logistic 模型构建

假设水体中共含有 n 种污染物，其中，第 j 种污染物对水体造成的损失率为 R_j，因此，为求得水体污染总损失率，需要首先建立水体污染物浓度与经济损失之间的微分方程：

$$\frac{dS}{dc_j} = \beta_j S\left(1 - \frac{S}{K}\right) \tag{5.3}$$

其中，c_j 为水体中第 j 种污染物的浓度，S 为当水体中污染物 j

的浓度为 c_j 时所造成的经济损失，K 为水资源自身所具有的经济价值，β_j 为比例系数，代表水环境中经济价值的相对损失率。

对上式求解可得：

$$R_j = \frac{1}{1 + \alpha_j \exp(-\beta_j c_j)} \tag{5.4}$$

$$S = KR_j \tag{5.5}$$

其中，$R_j \in (0, 1)$，$\lim\limits_{c_j \to \infty} S = K$，$\lim\limits_{c_j \to \infty} R_j = 1$

式（5.4）中，α_j 为正的常数项，α_j 与 β_j 皆与水体污染物的性质有关，α_j 与 β_j 数值的确定需要以水体中第 j 种污染物的本底浓度为基础，并参照国家污染物综合排放标准中的相关规定进行近似表述。

具体求解方法如下：

假设水体中第 j 种污染物的本底浓度为 c_{Bj}，该种污染物的本底浓度所引起的单项经济损失率为 R_{Bj}，污染发生时的污染物临界浓度为 c_{Lj}，此时该种污染物的临界浓度所引起的单项经济损失率为 R_{Lj}，则 α_j 与 β_j 可用如下公式分别表示：

$$\alpha_j = \left[(1 - R_{Bj})/R_{Bj} \right] \exp\left[f \times c_{Bj}/(c_{Lj} - c_{Bj}) \right] \tag{5.6}$$

$$\beta_j = f \times (c_{Lj} - c_{Bj}) \tag{5.7}$$

其中，$f = \ln R_{Lj}(1 - R_{Bj})/R_{Bj}(1 - R_{Lj})$ \tag{5.8}

多种水体污染物所引起的经济损失测算则是在单一污染物的经济损失的基础上，通过运用概率论相关知识求得的。

如图 5-2 所示，根据概率论知识有任意两个事件 A 或者事件 B 发生的概率，为两个事件概率的和减去两个事件同时发生的概率。

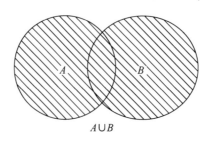

$A \cup B$

图 5-2　事件运算

用公式表示如下：

$$P(A \cup B) = P(A) + P(B) - P(AB) \qquad (5.9)$$

且当事件 A 与事件 B 相互独立时有：

$$P(AB) = P(A) \times P(B) \qquad (5.10)$$

若将水体中第 j 种污染物所引起的单项经济损失率 R_j 视为事件，则有：

$$R_{AB} = R_A + R_B - R_{AB} = R_A + R_B(1 - R_A) \qquad (5.11)$$

因此，水体中多种污染物所引起的经济损失可以单一污染物的经济损失为基础，并用下式表示：

$$R = 1 - \prod_{j=1}^{n}(1 - R_j) \qquad (5.12)$$

其中，R 为水体中 n 种污染物所引起的复合经济损失率。

因此，水体中 n 种污染物所引起的复合经济损失可表示为：

$$S = R \times K \qquad (5.13)$$

（三）工业水污染经济损失估算

1. α 与 β 系数估算

由于目前我国环境保护系统通常采用高锰酸盐指数作为地表水受有机污染物污染程度的综合指标，而氨氮污染情况在工业废水中也较为普遍，因此，本书选用上述两种污染物作为工业水污染所带来的经济损失估算的基础。《地表水环境质量标准（GB 3838—2002）》对地表水水域环境功能作出区分，并根据不同水域环境的功能制定出不同的保护目标与水体质量标准。表 5-2 给出了《地表水环境质量标准（GB 3838—2002）》中针对不同污染物的地表水质量标准。该标准以逐渐降低的顺序对水环境质量进行了分类，不同类别的水质环境质量标准各不相同，其中，Ⅰ类标准最高，水环境质量最好，Ⅴ类标准最低，相应地，水环境质量最差。

根据规定，源头水域、国家级自然保护区等水质标准应为Ⅰ级，集中式生活饮用水地表水源地一级保护区、珍稀水生生物栖息地、鱼虾类产卵场、仔稚幼鱼的索饵场的水质标准为Ⅱ级，集中式生活饮用水地表水源地二级保护区、鱼虾类越冬场、洄游通道、水产养

表 5 - 2 地表水环境质量标准基本项目标准限值 单位：mg/L

标准值\\项目	分类				
	Ⅰ类	Ⅱ类	Ⅲ类	Ⅳ类	Ⅴ类
高锰酸盐指数	2	4	6	10	15
氨氮	0.15	0.5	1	1.5	2

资料来源：《地表水环境质量标准（GB 3838—2002）》。

殖区等渔业水域的水质标准应为Ⅲ级，一般工业用水以及人体非直接接触的娱乐用水区水质应为Ⅳ级，农业用水区以及一般景观水域的水质标准为Ⅴ级。

根据定义，本底浓度是指水体中某些物质基本混合均匀之后的浓度，也称为背景浓度。通常，水体污染物的本底浓度以相应的水质标准加以确定。假设当水质达到Ⅱ级标准时对社会、经济的影响很小，因此，可以参照《地表水环境质量标准》中规定的质量标准对水域的水体污染物的本底浓度加以确定。

对于临界浓度而言，按照惯例，通常以对应的水质标准值的5—10倍加以确定，并以各类水质标准的递增幅度做参考，此外，文献报道的污染物毒性等因素也对水体污染物的临界浓度的确定有所影响。[1] 为了简便计算，本书使用水质标准的5倍数值作为临界浓度，具体数值见表5-3。

表 5 - 3 水体污染物本底浓度与临界浓度 单位：mg/L

项目	污染物浓度	
高锰酸盐指数	本底浓度	4
	临界浓度	20
氨氮	本底浓度	0.5
	临界浓度	2.5

资料来源：《地表水环境质量标准（GB 3838—2002）》及作者计算。

---

① 朱发庆、高冠民、李国偶、栗晋斌、秦工一：《东湖水污染经济损失研究》，《环境科学学报》1993年第2期。

在确定了水体污染物本底浓度以及临界浓度之后，假设当水体污染物处于本底浓度与临界浓度时对经济造成的损失率分别为1%和99%，即：

$R_{Bj} = 1\%$，$R_{Lj} = 99\%$

据此，可以根据式（5.6）、式（5.7）、式（5.8）对α以及β的数值进行计算，其结果如表5-4所示。

表5-4　　　　　　　　　α以及β系数估算结果

项目	估算结果	
高锰酸盐指数	α	985.0376
	β	0.57439
氨氮	α	985.0376
	β	4.59512

资料来源：笔者计算得出。

2. 工业水污染经济损失计算

根据《2006—2010中国环境质量报告》，2010年全国地表水国控断面的高锰酸盐指数浓度为4.9mg/L，氨氮浓度为1.6mg/L。

将相关数据代入式（5.4），并以下脚标1表示高锰酸盐指数，下脚标2表示氨氮，可得：

$R_1 = 1.67\%$　　$R_2 = 61.29\%$

再根据式（5.12），可得水体综合经济损失率：

R = 61.93%

由于目前我国不同城市的水价各不相同，为获得全国水价平均水平，本书以全国31个省（自治区、直辖市）的省会城市的水价为代表，对全国平均水价进行估算（见表5-5）。

由表5-5可知，目前我国水价以水体承载的功能作为区分标准，且工业用水价格普遍高于生活用水价格。表5-6给出了2010年的水价均值以及不同用途下的废水排放量。

表 5-5　　2010 年全国省会城市自来水单价（不含污水处理费）单位：元

城市	居民生活	工业	均值	城市	居民生活	工业	均值
北京	2.96	4.44	3.70	郑州	1.60	2.00	1.80
上海	1.03	2.00	1.51	武汉	1.10	1.65	1.38
天津	3.08	5.50	4.29	长沙	1.21	1.38	1.30
重庆	2.70	3.25	5.95	广州	1.32	1.83	3.15
石家庄	2.50	3.50	3.00	南宁	1.32	1.83	1.58
太原	2.30	3.40	2.85	海口	1.60	2.50	2.05
呼和浩特	2.35	3.50	2.93	成都	1.35	2.90	2.13
沈阳	1.80	2.50	2.15	贵阳	1.20	1.50	1.35
长春	2.50	4.60	3.55	昆明	2.45	4.35	3.40
哈尔滨	2.40	4.30	3.35	拉萨	1.00	1.40	1.20
南京	1.50	1.85	1.68	西安	2.25	2.55	2.40
杭州	1.35	1.75	1.55	兰州	1.75	2.53	2.14
合肥	1.29	1.41	1.35	西宁	1.30	1.38	1.34
福州	1.20	1.35	1.28	银川	1.15	1.40	1.28
南昌	1.18	1.45	1.32	乌鲁木齐	1.36	1.48	1.42
济南	2.25	2.90	2.58				

资料来源：中国水网（http：//price. h2o - china. com）。

表 5-6　　　　　2010 年水价均值以及废水排放量

	居民生活用水	工业用水	全国
水价均值（元）	1.75	2.53	2.14
废水排放量（亿吨）	379.8	237.5	617.3

资料来源：《2010 年环境统计年报》以及作者计算得出。

　　最后，以水价均值为基础，将不同用途的污水排放量与对应的平均水价做乘积，获得水体经济价值，即：

$$K = 1.75 \times 379.8 + 2.53 \times 237.5 = 1265 （亿元）$$

根据式（5.13）可获得水体中多种污染物所引起的复合经济损失，即：

$$S = KR = 1265 \times 61.93\% = 783.4145（亿元）$$

即 2010 年全国水污染所造成的经济损失约为 783.4145 亿元。

三　工业水污染税税基估算①

根据《中国环境年鉴（2011）》，2010 年我国工业废水排放总量为 237.5 亿吨，而工业废水排放达标率为 95.3%。考虑到未达标工业废水对于环境的损害程度明显高于达标废水，因此在确定工业水污染税税基数值时，需要将未达标废水的环境危害囊括其中。

按照现行的《排污费征收标准管理办法》中的相关规定，凡是向水体中排放污染物的，均需要按照污染物的种类以及排放数量缴纳排污费，对于超过国家规定标准的超标排污行为，需要按照规定加征一倍的超标排污费。据此，可以将未达标工业废水的环境损失推断为达标废水的二倍。因此，工业水污染税税基可以用如下计算求得：

$$N = N_1 + 2 \times N_2 \tag{5.14}$$

其中，N 表示工业水污染税税基，N_1 表示达标工业废水排放量，N_2 表示未达标工业废水排放量。

据此，可以计算得出我国工业水污染税税基：

$$\begin{aligned} 工业水污染税税基 &= 237.5 \times 95.3\% + 237.5 \times（1 - 95.3\%）\times 2 \\ &= 248.6625（亿吨） \end{aligned}$$

四　工业水污染税税率计算

依据计算所得经济损失以及工业水污染税税基，可以获得工业水污染税税率。

$$\begin{aligned} 全国工业水污染税税率 &= 工业水污染经济损失 / 工业水污染税税基 \\ &= 783.4145 / 248.6625 \\ &\approx 3.15（元/吨） \end{aligned}$$

---

① 司言武、全意波：《我国水污染税税率设计研究：以工业废水为例》，《经济理论与经济管理》2009 年第 6 期。

即每产生每污染当量的工业废水，便会造成 3.15 元的经济损失。

但是，需要指出的是，上述计算得出的工业水污染税税率仅为全国范围内的标准，各地方政府在确定最终税率时应当在参考全国税率的基础上，具体结合自身的财力状况、环境保护要求等情况进行征收。此外，在具体的征收过程中，还可以考虑对水污染排放的重点企业，诸如造纸业、化学工业等行业适用高税率，以此来达到控制污染排放的目标。对于超标排放的废水还可以考虑采用加成征收等办法进行治理。总之，工业水污染税的税率确定既要有一个全国范围内的总体税率做基础，又需要各地方政府因地制宜加以适当调整。

根据以上计算所得工业水污染税税率可知，目前我国的排污收费标准远不能弥补污染排放所带来的经济损失。开征水污染税虽然能够有效地发挥环境治理的功效，但污染减排之后如何推动绿色转型？转型过程需要我国付出多大的成本？又能为我国带来哪些效益？经济增长与环境治理两方面能否脱钩？这一系列的问题仍然等待回答，需要进一步的细致分析寻找答案。[1]

---

[1] 秦昌波：《中国环境经济一般均衡分析系统及其应用》，科学出版社 2014 年版，第 59 页。

第六章　中国工业水污染税收制度 CGE 模型构建与数据基础

第一节　中国工业水污染税收制度 CGE 模型构建[①]

本书的 CGE 模型总体上包括生产模块、贸易模块、居民模块、企业模块、政府模块、宏观均衡模块、工业水污染排放模块七大模块，并将所有生产部门的集合命名为 a，所有商品集合命名为 c。此外，模型的构建基于以下假设之上：

（1）经济主体包含生产者、居民、政府以及世界其他地区；

（2）生产要素包括劳动力与资本；

（3）一种商品只能被一个生产者所生产；

（4）经济系统内充分就业；

（5）各部门商品的进口与本地生产之间存在不完全替代关系；

（6）各部门商品的出口与本地销售之间存在不完全替代关系；

（7）在进出口方面采用小国假设，将进出口商品的世界价格处理为外生变量；

（8）模型是价格零次齐次的。因此，选择劳动力要素价格 WL 为货币兑换率标准，即 WL 是外生不变的。

[①]　本节主要参照张欣的《可计算一般均衡模型的基本原理与编程》构建 CGE 模型，并稍作改动。

一 生产模块

生产模块中各种要素之间的投入关系如图 6 - 1 所示。

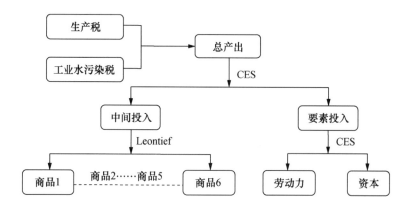

图 6 - 1 生产模块

生产模块采用多层嵌套的 CES 函数表示生产要素之间的不同替代弹性。在第一层次，最终产出由合成中间投入与合成要素禀赋的组合决定，以 CES 函数描述两者之间的替代性关系；在第二层次，合成中间投入以 Leontief 函数描述各个生产部门对中间产品的需求，合成要素禀赋以 CES 函数描述劳动力与资本之间的组合。

生产模块的具体方程如下所示。

各部门产出的 CES 生产函数：

$$QA_a = \alpha_a^{top} \times [\delta_a^{top} \times QVA_a^{\rho_a} + (1 - \delta_a^{top}) \times QINTA_a^{\rho_a}]^{\frac{1}{\rho_a}} \tag{6.1}$$

生产活动总产出的最优中间投入与要素禀赋投入：

$$\frac{PVA_a}{PINTA_a} = \left(\frac{\delta_a^{top}}{1 - \delta_a^{top}}\right) \times \left(\frac{QINTA_a}{QVA_a}\right)^{1 - \rho_a} \tag{6.2}$$

非工业生产部门的产值：

$$PA_{at} \times (1 - tx_{at}) \times QA_{at} = PVA_{at} \times QVA_{at} + PINTA_{at} \times QINTA_{at} \tag{6.3}$$

工业生产部门的产值：

$$PA_{ak} \times (1 - tx_{ak} - \theta_{cod} \times tcod_{ak} - \theta_{nh} \times tnh_{ak}) \times QA_{ak} = PVA_{ak} \times QVA_{ak} + PINTA_{ak} \times QINTA_{ak} \tag{6.4}$$

要素禀赋的 CES 生产函数：

$$QVA_a = \alpha_a^{va} \times [\delta_a^{va} \times QLD_a^{\rho va} + (1 - \delta_a^{va}) \times QKD_a^{\rho va}]^{\frac{1}{\rho va}} \qquad (6.5)$$

要素禀赋投入的最优投入：

$$\frac{WL}{WK} = \frac{\delta_a^{va}}{1 - \delta_a^{va}} \times \left(\frac{QKD_a}{QLD_a}\right)^{(1 - \rho va)} \qquad (6.6)$$

要素禀赋投入的价格关系：

$$PVA_a \times QVA_a = WL \times QLD_a + WK \times QKD_a \qquad (6.7)$$

中间投入量：

$$QINT_{ca} = ica_{ca} \times QINTA_a \qquad (6.8)$$

中间投入价格：

$$PINTA_a = \sum_c ica_{ca} \times PQ_c \qquad (6.9)$$

生产模块中各参数以及变量含义如表 6 - 1 所示。[①]

表 6 - 1　　　　　　　　生产模块参数与变量含义说明

参变量名称	含义
QA_a	各部门产出
QA_{at}	除工业行业之外的其他行业产出
QA_{ak}	工业行业产出
QVA_a	各部门要素禀赋投入
QVA_{at}	除工业行业之外的其他行业要素禀赋投入
QVA_{ak}	工业行业要素禀赋投入
$QINTA_a$	各部门中间投入总量
$QINTA_{at}$	除工业行业之外的其他行业中间投入总量
$QINTA_{ak}$	工业行业中间投入总量
QLD_a	劳动需求

① 在介绍各个模块的参变量含义时，若某参变量同时出现在多个模块之中，且前述模块已对该参变量做过说明与阐述，则在后续模块中不再对该参变量进行说明，下同。

参变量名称	含义
QKD_a	资本需求
$QINT_{ca}$	中间投入个量
PA_{at}	除工业行业之外的其他行业生产活动价格
PA_{ak}	工业行业生产活动价格
PVA_a	要素禀赋价格
PVA_{at}	除工业行业之外的其他行业要素禀赋价格
PVA_{ak}	工业行业要素禀赋价格
$PINTA_a$	中间投入总价格
$PINTA_{at}$	除工业行业之外的其他行业中间投入总价格
$PINTA_{ak}$	工业行业中间投入总价格
PQ_c	国内市场商品价格
WL	劳动价格
WK	资本价格
tx_{at}	除工业行业之外的其他行业生产税税率
tx_{ak}	工业行业生产税税率
$tcod_{ak}$	工业废水中化学需氧量税率
tnh_{ak}	工业废水中氨氮税率
θ_{cod}	工业废水化学需氧量排放强度系数
θ_{nh}	工业废水氨氮排放强度系数
ρ_a	各部门产出的 CES 生产函数的指数参数
ρ_{va}	要素禀赋的 CES 生产函数的指数参数
α_a^{top}	各部门产出的 CES 生产函数的转移参数
α_a^{va}	要素禀赋的 CES 生产函数的转移参数
δ_a^{top}	各部门产出的 CES 生产函数的份额参数
δ_a^{va}	要素禀赋的 CES 生产函数的份额参数
ica_{ca}	投入产出系数矩阵

二 贸易模块

贸易模块中各种活动之间的关系如图 6 – 2 所示。

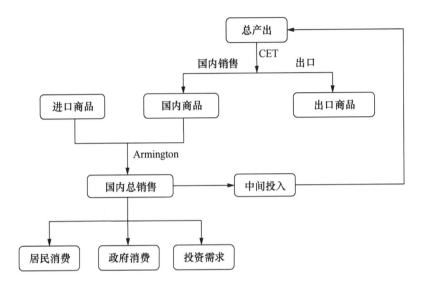

图 6 – 2　贸易模块

在进口方面，模型利用 Armington 假设描述进口商品与国内商品之间存在的不完全替代的关系；在出口方面，模型采用嵌套的 CET 函数描述产品在出口与国内销售之间的替代关系。

贸易模块的具体方程如下所示。

国内总产出分为国内销售与出口两部分：

$$QA_a = \alpha_a^{cet} \times \left[\delta_a^{cet} \times QDA_a^{\rho_{cet}} + (1 - \delta_a^{cet}) \times QE_a^{\rho_{cet}} \right]^{\frac{1}{\rho_{cet}}} \tag{6.10}$$

国内销售与出口的比例函数：

$$\frac{PDA_a}{PE_a} = \left(\frac{\delta_a^{cet}}{1 - \delta_a^{cet}} \right) \times \left(\frac{QE_a}{QDA_a} \right)^{1 - \rho_{cet}} \tag{6.11}$$

总产出的合成价格：

$$PA_a \times QA_a = PDA_a \times QDA_a + PE_a \times QE_a \tag{6.12}$$

出口价格：

$$PE_a = \overline{pwe_a} \times \overline{EXR} \tag{6.13}$$

国内总销售分为国内生产国内销售与进口：

$$QQ_c = \alpha_c^{arm} \times \left[\delta_c^{arm} \times QDC_c^{\rho_{arm}} + (1 - \delta_c^{arm}) \times QM_c^{\rho_{arm}} \right]^{\frac{1}{\rho_{arm}}} \quad (6.14)$$

国内生产国内销售与进口的比例函数：

$$\frac{PDC_c}{PM_c} = \left(\frac{\delta_c^{arm}}{1 - \delta_c^{arm}} \right) \times \left(\frac{QM_c}{QDC_c} \right)^{1 - \rho_{arm}} \quad (6.15)$$

总销售的合成价格：

$$PQ_c \times QQ_c = PDC_c \times QDC_c + PM_c \times QM_c \quad (6.16)$$

进口价格：

$$PM_c = \overline{pwm_c} \times (1 + tm_c) \times \overline{EXR} \quad (6.17)$$

国内生产国内销售的活动与商品的数量以及价格之间的一对一映射关系：

$$QDC_c = \sum_a ident_{ac} \times QDA_a \quad (6.18)$$

$$PDC_c = \sum_a ident_{ac} \times PDA_a \quad (6.19)$$

贸易模块中各参数以及变量含义如表6-2所示。

表6-2   贸易模块参数与变量含义说明

参变量名称	含义
QQ_c	国内市场商品数量
QDA_a	国内生产国内销售商品数量
QDC_c	国外生产国内销售商品数量
QM_c	进口商品数量
QE_a	出口商品数量
PDA_a	国内生产国内销售商品价格
PDC_c	国外生产国内销售商品价格
PM_c	进口商品价格
PE_a	出口商品价格
$\overline{pwe_a}$	以外币单位计算的商品完税离岸价格
$\overline{pwm_c}$	进口商品的国际价格

续表

参变量名称	含义
tm_c	进口商品关税税率
$\overline{EXR}$	汇率
$ident_{ac}$	一对一映射关系系数
ρ_{cet}	总产出 CET 函数的指数参数
ρ_{arm}	总销售 CES 函数中的指数参数
α_a^{cet}	总产出 CET 函数的转移参数
α_c^{arm}	总销售 CES 函数中的转移参数
δ_a^{cet}	总产出 CET 函数中的份额参数
δ_c^{arm}	总销售 CES 函数中的份额参数

三 居民模块

居民模块中各种活动之间的关系如图 6-3 所示。

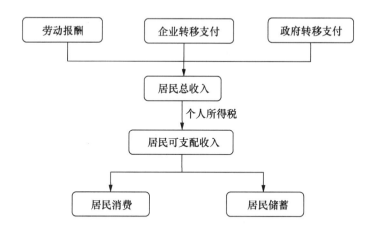

图 6-3 居民模块

在收入方面,居民通过在生产过程中提供的劳动力要素获得报酬,通过企业税收净利润分配获得源自企业的转移收入,通过缴纳个人所得税,并获得源自政府部门的转移收入,最终形成居民可支配收入；在支出方面，模型假设居民的边际储蓄倾向不随居民收入的变化而变化，即边际储蓄倾向以固定份额而存在。

居民模块的具体方程如下所示。

居民收入：

$$YH = WL \times QLS + transfrGH0 + transfrENTH0 \qquad (6.20)$$

居民消费：

$$PQ_c \times QH_c = PQ_c \times shrh_c \times mpc \times (1 - th) \times YH \qquad (6.21)$$

居民储蓄：

$$HSAV = (1 - mpc) \times (1 - th) \times YH \qquad (6.22)$$

居民模块中各参数以及变量含义如表6-3所示。

表6-3   居民模块参数与变量含义说明

参变量名称	含义
YH	居民收入
QH_c	居民消费数量
$HSAV$	居民储蓄
QLS	劳动力总供应量
$transfrGH0$	政府部门对居民的转移支付
$transfrENTH0$	企业对居民的转移支付
$shrh_c$	居民收入中对商品的消费支出份额
mpc	居民边际消费倾向
th	个人所得税税率

四 企业模块

企业模块中各种活动之间的关系如图6-4所示。

在收入方面，在初次收入分配中，企业通过在生产过程中所提供的生产要素禀赋（资本）获得收入，在收入再分配过程中，企业获得源自政府部门的转移支付，在缴纳企业所得税之后，剩余部分形成企业税后净利润，并将企业税后净利润的一部分以利润分配的形式分配给居民，另外一部分以企业储蓄的形式用于满足后期生产的投资需求。

　　企业模块的具体方程如下所示。

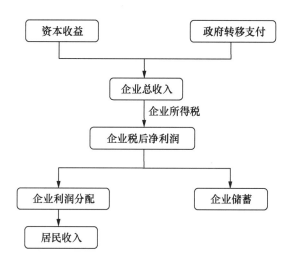

图 6 – 4　企业模块

　　企业收入：

$$YENT = shifentk \times WK \times QKS + transfrGENT0 \qquad (6.23)$$

　　企业储蓄：

$$ENTSAV = (1 - tent) \times YENT - transfrENTH0 \qquad (6.24)$$

企业模块中各参数以及变量含义如表 6 – 4 所示。

表 6 – 4　　　　　　　　企业模块参数与变量含义说明

参变量名称	含义
YENT	企业收入
ENTSAV	企业储蓄
QKS	资本总供应量
shifentk	资本收入分配给企业的份额

续表

参变量名称	含义
*transfrGENT*0	政府对企业的转移支付
*transfrENTH*0	企业对居民的转移支付
tent	企业所得税税率

五 政府模块

政府模块中各种活动之间的关系如图6-5所示。

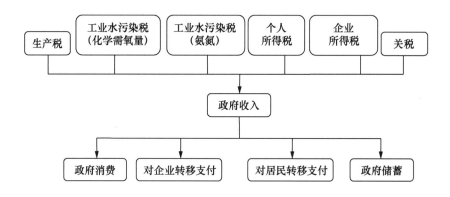

图6-5 政府模块

在收入方面，政府收入由生产税收入、工业水污染税收入、个人所得税收入、企业所得税收入以及进口关税收入构成；在支出方面，政府支出分为消费、转移支付以及储蓄等部分。

政府模块的具体方程如下所示。

生产税收入：

$$TX = \sum_{at} tx_{at} \times QA_{at} + \sum_{ak} tx_{ak} \times QA_{ak} \tag{6.25}$$

工业水污染税收入：

$$TCOD = \sum_{ak} tcod_{ak} \times \theta_{cod} \times QA_{ak} \tag{6.26}$$

$$TNH = \sum_{ak} tnh_{ak} \times \theta_{nh} \times QA_{ak} \tag{6.27}$$

个人所得税收入：

$$TH = th \times YH \tag{6.28}$$

企业所得税收入：

$$TENT = tent \times YENT \tag{6.29}$$

进口关税收入：

$$TM = \sum_c tm_c \times \overline{pwm_c} \times QM_c \times \overline{EXR} \tag{6.30}$$

政府收入：

$$YG = TX + TCOD + TNH + TH + TENT + TM \tag{6.31}$$

政府支出：

$$EG = \sum_c PQ_c \times \overline{QG_c} + transfrHG0 + transfrGENT0 \tag{6.32}$$

政府储蓄：

$$GSAV = YG - EG \tag{6.33}$$

政府模块中各参数以及变量含义如表 6 - 5 所示。

表 6 - 5　　　　　　　政府模块参数与变量含义说明

参变量名称	含义
TX	生产税收入
$TCOD$	工业水污染税收入（化学需氧量）
TNH	工业水污染税收入（氨氮）
TH	个人所得税收入
$TENT$	企业所得税收入
TM	进口关税收入
YG	政府收入
EG	政府支出
$GSAV$	政府储蓄
$\overline{QG_c}$	政府消费

六　宏观平衡模块

宏观平衡模块中各种活动之间的关系如图 6 - 6 所示。

宏观平衡模块主要描述经济体系中的均衡关系，例如国内市场总供给与总需求之间的均衡关系、投资与储蓄之间的均衡关系、要素禀赋供给与需求之间的均衡关系等。此外，该模块还包含了 GDP 的描述方程。

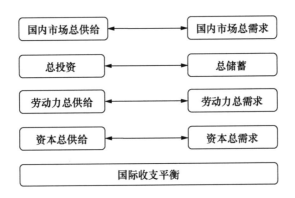

图 6 - 6　宏观平衡模块[①]

宏观平衡模块的具体方程如下所示。

国内市场供求平衡：

$$QQ_c = \sum_a QINT_{ca} + QH_c + \overline{QINV_c} + \overline{QG_c} \tag{6.34}$$

总投资：

$$ENIV = \sum_c PQ_c \times \overline{QINV_c} \tag{6.35}$$

要素禀赋供求平衡：

$$\sum_a QKD_a = QKS \tag{6.36}$$

$$\sum_a QLD_a = QLS \tag{6.37}$$

国际收支平衡：

$$\sum_c \overline{pwm_c} \times QM_c = \sum_a \overline{pwe_a} \times QE_a \tag{6.38}$$

投资—储蓄平衡：

$$ENIV = HSAV + GSAV + ENTSAV \tag{6.39}$$

---

① 秘翠翠：《基于 CGE 模型的碳税政策对我国经济影响分析》，硕士学位论文，天津大学，2011 年。

国内生产总值：

$$GDP = \sum_c (QH_c + \overline{QG_c} + \overline{QINV_c} - QM_c) + \sum_a QE_a \qquad (6.40)$$

GDP 价格指数：

$$PGDP \cdot GDP = \sum_c PQ_c \cdot (QH_c + \overline{QG_c} + \overline{QINV_c}) + \sum_a PE_a \cdot QE_a$$

$$- \sum_c PM_c QM_c + \sum_c tm_c \cdot \overline{pwm_c} \cdot QM_c \cdot \overline{EXR} \qquad (6.41)$$

宏观平衡模块中各参数以及变量含义如表 6 - 6 所示。

表 6 - 6　　　　　　宏观平衡模块参数与变量含义说明

参变量名称	含义
$\overline{QINV_c}$	各个部门的投资
$ENIV$	总投资
GDP	国内生产总值
$PGDP$	GDP 价格指数

七　工业水污染排放模块

工业水污染排放模块中各种活动之间的关系如图 6 - 7 所示。

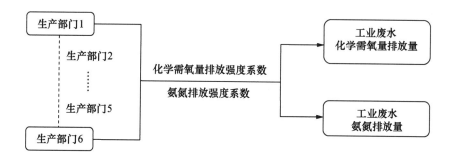

图 6 - 7　工业水污染排放模块

工业水污染排放模块是基于如下思想构建的：各个生产部门在生产过程中会排放污染物，对水体环境产生危害，而污染物的排放规模与生产规模直接相关,即产量上升,排污加重,产量萎缩,排污减轻。因此,工业部门水体污染物的排放规模通过工业污染排放强度系数与工业产出联系起来。

工业水污染排放模块的具体方程如下所示。

除工业行业以外的其他行业化学需氧量排放量:

$$QEMCOD_{at} = \theta_{cod} \times QA_{at} \tag{6.42}$$

工业行业化学需氧量排放量:

$$QEMCOD_{ak} = \theta_{cod} \times QA_{ak} \tag{6.43}$$

除工业行业以外的其他行业氨氮排放量:

$$QEMNH_{at} = \theta_{nh} \times QA_{at} \tag{6.44}$$

工业行业氨氮排放量:

$$QEMNH_{ak} = \theta_{nh} \times QA_{ak} \tag{6.45}$$

工业水污染排放模块中各参数以及变量含义如表6-7所示。

表6-7   工业水污染排放模块参数与变量含义说明

参变量名称	含义
$QEMCOD_{at}$	除工业行业以外的其他行业化学需氧量排放量
$QEMCOD_{ak}$	工业行业化学需氧量排放量
$QEMNH_{at}$	除工业行业以外的其他行业氨氮排放量
$QEMNH_{ak}$	工业行业氨氮排放量

第二节　中国社会核算矩阵的编制与参数标定

一　社会核算矩阵（SAM）概述

学术界公认的世界上第一个真正意义上的社会核算矩阵（Social Accounting Matrix，SAM）由 Richard Stone 教授及其带领的团队在20世纪60年代构建完成,该SAM为英国的多部门经济模型提供了重

要的数据基础。① 此后，在世界银行的推动之下，SAM 的应用得到
了普遍推广。目前，世界上已有超过 50 个国家构建了 SAM，并且
广泛地用于投入产出、税收负担、收入分配、自由贸易、环境变
化、地区分配等问题的研究。②

　　目前，学术界对 SAM 的定义各不相同，但是 1993 年的国民经
济核算体系（System of National Accounts，SNA）对 SAM 的定义最为
宽泛，该定义大致表述出了 SAM 与 SNA 账户之间的关系以及 SAM
的作用。该定义为"以矩阵形式表示的 SNA 账户，刻画了供给表、
使用表与部门账户之间的关系，反映了一定时期内社会经济主体之
间的各种联系"。③ 因此，SAM 可以概括为"以矩阵形式对社会经
济系统中的交易进行描述"。由于 CGE 模型的构建至少需要一期与
模型相一致的基准数据集作为基础，并且这一数据集还需要满足如
下几方面的条件：一是全部商品供求相等；二是全部产业的利润为
零；三是全部机构能够满足预算约束；四是国际收支平衡。而 SAM
能够完美地满足以上全部条件，因此，便成为 CGE 模型构建过程中
最为通用的标准数据组织形式。④

　　鉴于 SAM 是将不同社会机构群体之间在生产、分配、再分配的
过程中所存在的相互关系以对称矩阵的形式表示出来，因此，编制
SAM 的目的之一便是尽可能详细地将经济系统中各个交易主体之间
的联系在社会经济系统这一整体框架之下反映出来。⑤ 总体而言，
可以将 SAM 理解为对 IO 表的拓展，即 SAM 以 IO 表为基础，并在
此基础上添加了非生产性机构，例如居民、政府、国外等账户，将

---

① 徐卓顺：《可计算一般均衡（CGE）模型：建模原理、参数估计方法与应用研究》，博士学位论文，吉林大学，2009 年。
② 秦昌波：《中国环境经济一般均衡分析系统及其应用》，科学出版社 2014 年版，第 43 页。
③ 徐卓顺：《可计算一般均衡（CGE）模型：建模原理、参数估计方法与应用研究》，博士学位论文，吉林大学，2009 年。
④ 赵永、王劲峰：《经济分析 CGE 模型与应用》，中国经济出版社 2008 年版，第 141—142 页。
⑤ 徐艳青：《基于 CGE 模型的北京市水价策略研究》，硕士学位论文，北京工商大学，2012 年。

国民收入、住户收入以及支出统计结果等数据涵盖其中，使其不仅能够反映生产部门之间、非生产部门之间、生产部门与非生产部门之间的联系，还能够将国民经济的再分配关系囊括其中，将关注点由传统的 IO 表的生产过程拓展至各个类型机构部门之间的联系、影响以及对经济系统的反馈等方面。[①] 因此，SAM 的功能明显强于 IO 表，能够更为完整而详细地反映经济系统中存在的交易关系。

作为 CGE 模型的基础数据库，SAM 的账户通常根据模型构建需要而设置。传统的 SAM 账户主要由实体账户组成，记录和描述特定时期内经济系统中的真实经济流量的状态。通常 SAM 账户主要包括生产、消费、积累、世界其他地区四大类。

表 6-8 给出了含有政府部门的开放经济下的 SAM 的简要结构。其中 C 表示居民消费，G 表示政府消费，I 表示投资，Y 表示收入，T 表示税收，S_h 表示居民储蓄，S_g 表示政府储蓄，S_f 表示国外储蓄，M 表示进口，E 表示出口。

表 6-8　　　　　　含有政府部门的开放经济下的 SAM

收入	支出					总计
	1	2	3	4	5	
1. 生产	—	C	G	I	E	总需求
2. 居民	Y	—	—	—	—	居民收入
3. 政府	—	T	—	—	—	政府收入
4. 资本	—	S_h	S_g	—	S_f	总储蓄
5. 国外	M	—	—	—	—	进口
总计	总供给	居民支出	政府支出	总投资	外汇	

表中各个机构之间的经济关系可以概括如下：生产者将最终消费品出售给居民与政府，将出口品出售给世界其他地区，从资本账户中获得投资收益，并将收入以要素报酬以及消费的形式支付给居

[①] 赵永、王劲峰：《经济分析 CGE 模型与应用》，中国经济出版社 2008 年版，第 141—142 页。

民以及国外其他地区，而世界其他地区的收入则表现为出口以及国外储蓄。因此，与居民账户有关的支出包括消费支出、税收、国内储蓄；与政府部门有关的支出包括购买消费品以及政府储蓄等方面。[①]

表中所反映的核算恒等式可以表示如下：

$Y + M = C + G + I + E$　　　　　（国民生产总值）

$C + T + S_h = Y$　　　　　（收入）

$G + S_g = T$　　　　　（政府预算）

$I = S_h + S_g + S_f$　　　　　（储蓄—投资）

$E + S_f = M$　　　　　（贸易平衡）

此外，如果将经济系统简化为只有一个居民、一个企业、一个政府以及世界其他国家的情况，则不同经济主体之间的关系与支付流程可以用图 6－8 加以表示。图中的箭头表示支付流的流向。

二　中国社会核算矩阵（SAM）的编制与平衡

（一）SAM 的结构设计

SAM 以矩阵的形式将不同账户中的来源与使用、负债与净值分别列出。根据会计记账"有收必有支，收支必相等"的原则，SAM 表现为行列对应、行数与列数相等且平衡的棋盘式表格。具体地，以矩阵的行表示收入（账户的贷方），以矩阵的列表示支出（账户的借方），从而使得 SAM 中相应的行与列分别构成各个国民经济的账户，为同时考察增长与分配两个问题提供了基础。

SAM 作为 CGE 模型的数据库，其结构设计通常以模型研究为导向，根据研究目的进行编制。本书的 SAM 主要包含十类账户，分别是活动、商品、劳动力、资本、居民、企业、政府、工业水污染税、储蓄投资以及国外，最后一列（行）为数据汇总。

考虑到目前我国工业废水中的污染物主要为化学需氧量以及氨氮，为了能够更为精确地模拟出征税对污染减排所起到的积极影

[①]　霍尔斯、曼斯伯格：《政策建模技术：CGE 模型的理论与实现》，清华大学出版社 2009 年版，第 9—10 页。

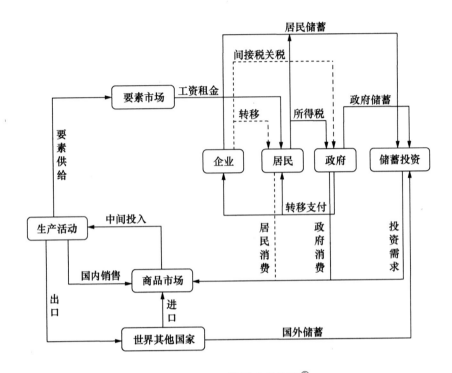

图 6-8　CGE 模型支付流程[①]

响，本书特将工业水污染税划分为两部分，分别对化学需氧量以及
氨氮进行征收。且对于基期而言，按照现行排污费征收标准对工业
水污染税额进行计算。

表 6-9 根据本书研究需要给出了宏观 SAM 的基本结构。其中，
活动账户反映国内生产部门的投入与产出。横向表示该账户的收
入，包括对商品的销售与出口；纵向表示该账户的支出，包括对中
间投入的支付、对生产要素的支付以及税收的缴纳。

商品账户反映各种商品与服务的需求与供给。横向表示商品的
使用，包含作为中间投入、供居民、政府部门消费以及满足投资需
求等方面；纵向表示商品的来源，包含国内生产以及国外进口，包
含关税之后便构成了国内市场的总供给。

① Lofgren et al., "External Shocks and Domestic Poverty Alleviation: Simulations with a CGE Model of Malawi", *International Food Policy Research Institute*, 2001.

表 6 – 9　　　　　　2010 年中国宏观社会核算矩阵框架

	活动	商品	劳动力	资本	居民	企业	政府	工业水污染税	储蓄投资	国外	汇总
活动		产出								出口	总产出
商品	中间投入				居民消费		政府消费		总投资		总需求
劳动力	劳动者报酬										劳动总收入
资本	资本收益										资本总收入
居民			劳动收入			转移支付	转移支付				居民总收入
企业				资本收益			转移支付				企业总收入
政府	生产税	关税			个人所得税	企业所得税		工业水污染税			政府总收入
工业水污染税	工业水污染税										工业水污染税
储蓄投资					居民储蓄	企业储蓄	政府储蓄				总储蓄
国外		进口									外汇总支出
汇总	总投入	总供给	劳动总支出	资本总支出	居民总支出	企业总支出	政府总支出	工业水污染税	总投资	外汇总收入	

　　劳动力与资本共同构成要素账户,反映要素的收入与支出。横向表示各要素在生产过程中所获得的报酬;纵向表示要素收入在不同的要素提供者之间所进行的分配。

　　居民账户反映居民的收入与支出。横向表示居民收入,包含劳动收入、来自企业的转移支付以及来自政府部门的转移支付；纵向表示居民支出，包含消费、纳税以及储蓄。

企业账户反映企业的收入与支出。横向表示企业收入，包括资本收益以及来自政府部门的转移收入；纵向表示企业的支出，包括向居民进行转移支付、纳税以及储蓄。

政府账户反映政府部门的收入与支出。横向表示政府收入，由各种税收收入构成；纵向表示政府支出，包括消费、向居民以及企业的转移支付、储蓄等部分。

工业水污染税账户反映该项税收的来源与去向。横向表示税收收入的来源为生产活动，纵向表示该项税收最终归政府部门所有。

储蓄投资账户反映国内外储蓄与投资状况。横向表示储蓄，主要包括居民储蓄、企业储蓄以及政府储蓄三部分；纵向表示投资，即储蓄的使用，主要表现为作为固定资产以投资品的形式分配到各个生产部门中。

国外账户则反映贸易往来与外汇收支状况。横向表示商品的进口；纵向表示商品的出口。

（二）SAM 的数据来源

鉴于 2010 年的全国投入产出表为目前可获得的最新版本，因此，本书的 SAM 表在《中国投入产出延长表（2010）》的基础上进行编制。此外，在制表过程中还使用了《中国财政年鉴（2011）》、《中国环境年鉴（2011）》、《中国统计年鉴（2011）》、《中国资金流量表（2010）》以及《中国国际收支平衡表（2010）》等多种数据。

（三）部门划分

鉴于本书的研究对象为工业废水排污税收问题，因此，为了能够重点突出新开税种对工业部门的影响情况，本书按照《轻重工业划分办法》[①] 以及《2010 年环境统计年报》将工业部门细分为三类，分别是轻工业、重工业以及水污染排放的重点行业。对于其他行业，则按照农业、建筑业以及服务业等大门类进行划分。各个部

[①] 上海统计，http://www.stats-sh.gov.cn/tjfw/201103/88317.html。

门大类中所包含具体部门主要参考 2010 年全国投入产出延长表，不同部门大类的具体情况如表 6 – 10 所示。

表 6 – 10　　　　　　　　SAM 中部门划分情况说明

序号	部门大类	投入产出表中对应部门
1	农业	农林牧渔业
2	轻工业	纺织服装鞋帽皮革羽绒及其制品业
		木材加工及家具制造业
		工艺品及其他制造业
3	重工业	煤炭开采和洗选业
		石油和天然气开采业
		金属矿采选业
		非金属矿及其他矿采选业
		石油加工、炼焦及核燃料加工业
		非金属矿物制品业
		金属冶炼及压延加工业
		金属制品业
		通用、专用设备制造业
		交通运输设备制造业
		电气机械及器材制造业
		通信设备、计算机及其他电子设备制造业
		仪器仪表及文化办公用机械制造业
		废品废料
		电力、热力的生产和供应业
		燃气生产和供应业
		水的生产和供应业
4	水污染排放重点工业行业	食品制造及烟草加工业
		纺织业
		造纸印刷及文教体育用品制造业
		化学工业
5	建筑业	建筑业

续表

序号	部门大类	投入产出表中对应部门
6	服务业	交通运输及仓储业
		邮政业
		信息传输、计算机服务和软件业
		批发和零售业
		住宿和餐饮业
		金融业
		房地产业
		租赁和商务服务业
		研究与试验发展业
		综合技术服务业
		水利、环境和公共设施管理业
		居民服务和其他服务业
		教育
		卫生、社会保障和社会福利业
		文化、体育和娱乐业
		公共管理和社会组织

（四）SAM 的平衡

根据社会核算矩阵的编制原则，SAM 中对应的行与列的和必须相等。但是，在实际编制过程中，由于数据来源不同以及统计误差的存在，使得 SAM 的行和与列和通常并不相等，因此有必要对 SAM 账户的数据进行调整使之保持平衡。本书在 SAM 的平衡过程中主要使用了直接交叉熵方法，并按照张欣（2010）① 的方法，将校整前后两个总的比例控制在 [0.5，2] 之间。平衡后的 SAM 如表 6-11 所示。

① 张欣：《可计算一般均衡模型的基本原理与编程》，人民出版社 2010 年版，第 54—58 页。

表 6－11

2010 年中国社会核算矩阵

项目		活动						商品					
		农业	轻工业	重工业	水污染行业	建筑业	服务业	农业	轻工业	重工业	水污染行业	建筑业	服务业
活动	农业							131962					
	轻工业								136785				
	重工业									1017327			
	水污染行业										505732		
	建筑业											88895	
	服务业												495098
商品	农业	18998	0	1016	74616	356	9131						
	轻工业	1181	46035	27343	8925	3799	5160						
	重工业	4492	8203	666976	53425	44950	32559						
	水污染行业	25652	41409	74911	258120	3588	49542						
	建筑业	4813	184	6084	1257	0	13781						
	服务业	5626	8105	122331	39422	10565	107104						
要素	劳动力	69500	16876	95666	47460	20512	130258						
	资本	3362	13190	101746	48843	14490	127462						
机构	居民												
	企业												
	政府	134	6423.40	49116.51	24815.95	5880	31325	145	51	3004	350	50	193
工业水污染税	化学需氧量		0.540	3.220	16.820								
	氨氮		0.060	0.270	1.230								
储蓄投资													
国外								7654	2650	158194	18372	2647	21425
汇总		133758	140426	1145193	556902	104140	506322	139761	139486	1178525	524454	91592	516716

续表

项目		要素		机构			工业水污染税		储蓄投资	国外	汇总
		劳动力	资本	居民	企业	政府	化学需氧量	氨氮			
活动	农业									1796	133758
	轻工业									3641	140426
	重工业									127866	1145193
	水污染行业									51170	556902
	建筑业									15245	104140
	服务业									11224	506322
商品	农业			26349		1139			8156		139761
	轻工业			31284		0			15759		139486
	重工业			32546		0			335374		1178525
	水污染行业			68522		0			2710		524454
	建筑业			6614					58859		91592
	服务业			123054		98491			2018		516716
要素	劳动力	380272									380272
	资本		309093								309093
机构	居民	380272			105060	16865					502197
	企业		309093			8161					317254
	政府			9217	34116		20.58	1.56			164843
工业水污染税	化学需氧量										20.58
	氨氮										1.56
储蓄投资				204611	178078	40187				0	422876
国外											210942
汇总		380272	309093	502197	317254	164843	20.58	1.56	422876	210942	

三　参数的确定

（一）外生参数的确定

CGE 模型的参数大致可以分为三类，第一类是份额参数，例如中间投入的投入产出系数、居民与政府部门对各种商品的消费支出等。第二类是关于税收方面的参数，例如居民以及企业的所得税税率、进口关税税率、生产税率等；上述两种类型的参数可以通过构建出的 SAM 表中相关数据加以确定，即以参数校准的方式获得。第三类是弹性参数，例如生产要素中的劳动力与资本之间的替代弹性、国内生产活动的产品在国内销售与出口之间的 CET 弹性、国内生产与进口之间的 Armington 弹性等，由于这部分弹性值无法从 SAM 表中获得，因此需要采取其他方法加以确定。常用的方法有三种：一是通过结合经济理论构建计量模型来获得；二是通过阅读大量文献并结合个人经验加以确定；三是通过参考已有文献对参数进行确定。[①] 本书所构建的模型中的弹性参数采用第三种方法确定，即参考借鉴已有文献的相关数据。

在参考郭正权（2011）[②]，秦昌波（2014）[③]，Xie Jian（1995）[④] 的相关文献之后，本书对弹性数值加以确定，具体详见表 6－12。

（二）份额参数与转移参数的确定

由于 CGE 模型中包含份额参数以及转移参数的方程形式已经确定，具备了利用 SAM 表中数据求解参数值的条件，因此份额参数与转移参数通常使用校准法加以确定。

以生产模块中的份额参数与转移参数的确定为例，模型中所涉及的份额参数（δ）与转移参数（α）计算过程如下所示。

---

① 邓细林：《云南省能源 CGE 模型的节能政策研究》，硕士学位论文，云南财经大学，2012 年。

② 郭正权：《基于 CGE 模型的我国低碳经济发展政策模拟分析》，中国矿业大学，博士学位论文，2011 年。

③ 秦昌波：《中国环境经济一般均衡分析系统及其应用》，科学出版社 2014 年版，第 64—65 页。

④ Xie Jian, "Environmental Policy Analysis：An Environmental Computable General Equilibrium Model for China", *Cornell University*, 1995.

表 6 - 12 模型主要弹性参数

行业名称	生产函数 CES 替代弹性	劳动力资本 CES 替代弹性	出口与国内销售 CET 替代弹性	进口与国内生产 Armington 替代弹性
农业	0.8	0.5	4	2
轻工业	0.8	0.5	4	2
重工业	0.8	0.5	4	2
水污染排放重点工业行业	0.8	0.5	4	2
建筑业	0.8	0.5	4	2
服务业	0.8	0.5	4	2

由于生产模块中总产出的计算公式为：

$$QA_a = \alpha_a^{top} \times \left[\delta_a^{top} \times QVA_a^{\rho_a} + (1 - \delta_a^{top}) \times QINTA_a^{\rho_a} \right]^{\frac{1}{\rho_a}} \tag{6.46}$$

$$\frac{PVA_a}{PINTA_a} = \left(\frac{\delta_a^{top}}{1 - \delta_a^{top}} \right) \times \left(\frac{QINTA_a}{QVA_a} \right)^{1 - \rho_a} \tag{6.47}$$

由式（6.47）能够计算得出份额参数 δ_a^{top}：

$$\delta_a^{top} = \frac{PVA_{a0} \times QVA_{a0}^{(1 - \rho_a)}}{PVA_{a0} \times QVA_{a0}^{(1 - \rho_a)} + PINTA_{a0} \times QINTA_{a0}^{(1 - \rho_a)}} \tag{6.48}$$

根据式（6.48）可以计算获得转移参数 α_a^{top}：

$$\alpha_a^{top} = \frac{QA_{a0}}{\left[\delta_a^{top} \times QVA_{a0}^{\rho_a} + (1 - \delta_a^{top}) \times QINTA_{a0}^{\rho_a} \right]^{\frac{1}{\rho_a}}} \tag{6.49}$$

根据以上方法计算出的份额参数与转移参数如表 6 - 13、表 6 - 14 所示。

表 6 - 13 模型基期份额参数

	δ_{top}	δ_{va}	δ_{cet}	δ_{arm}
农业	0.509	0.820	$2.520991E - 6$	0.056
轻工业	0.438	0.531	$1.885986E - 5$	0.019

续表

	δ_{top}	δ_{va}	δ_{cet}	δ_{arm}
重工业	0.425	0.492	0.002	0.137
水污染排放重点行业	0.425	0.496	0.001	0.036
建筑业	0.470	0.543	0.005	0.029
服务业	0.509	0.503	$1.165103E-5$	0.042

表 6 – 14　　　　　　　　　**模型基期转移参数**

	α_{top}	α_{va}	α_{cet}	α_{arm}
农业	2.000	1.420	25.352	4.357
轻工业	2.022	1.992	15.476	7.257
重工业	1.985	2.000	5.180	2.910
水污染排放重点行业	1.989	2.000	5.994	5.390
建筑业	2.102	1.985	4.231	5.915
服务业	2.130	2.000	17.406	4.995

（三）工业水污染排放强度系数的确定

本书工业水污染排放量的确定主要依靠水污染排放强度系数加以计算。本书按照秦昌波（2014）[①] 所计算出的各部门不同水体污染物排放量比例，将《2010 年环境统计年报》所公布的工业水污染物排放总量在不同部门之间进行分配，获得 2010 年各生产部门的水体污染物排放量情况，并将其除以各生产部门的产值，获得二者之间的比例，以此来确定工业部门水污染排放强度系数。

具体计算公式如下：

$$\theta_{cod} = \frac{QEM_{cod0}}{QA_{a0}} \tag{6.50}$$

----

① 秦昌波：《中国环境经济一般均衡分析系统及其应用》，科学出版社 2014 年版，第 97—98 页。

$$\theta_{nh} = \frac{QEM_{nh0}}{QA_{a0}} \qquad (6.51)$$

计算结果如表 6 - 15 所示。

表 6 - 15 工业部门水污染排放强度系数 单位：万吨/亿元

	θ_{cod}	θ_{nh}
农业	0.005922	0.0005869
轻工业	5.504E - 05	5.571E - 06
重工业	4.015E - 05	3.337E - 06
水污染排放重点行业	0.0004316	3.146E - 05
建筑业	0.0001123	1.303E - 05
服务业	0.000277	3.618E - 05

四 参数的敏感性分析

CGE 模型中包含了众多的参数，由于部分参数值的确定需要依靠经验判断或者依靠已有的研究来获取，因此其数值的准确性有待考证，需要对其进行敏感性分析，以此来判断该部分参数值的选择对模型最终模拟结果的影响程度。

通常参数的敏感性检验可以分为五种，分别是有条件的系统敏感性分析、无条件的系统敏感性分析、Harrison - Vinod 法、Harrison - Vinod 改进法以及蒙特卡洛实验法。其中，第一种方法，即有条件的系统敏感性分析由于其算法的可行性，得到了广泛的使用。

由于本书的研究重点在于征收工业水污染税对 GDP 等宏观变量的影响，因此，将敏感性分析的重点放在观测上述变量的变化方面。在模拟分析中，变量的变化方向与相对规模仍一致，且数学符号并未改变，因此，从整体上而言，模型的模拟结果较为可信。

第七章 中国工业水污染税收制度模拟与边际影响分析

第一节 中国工业水污染税收制度模拟结果分析

一 模拟情景设置

本书共设置了三大类模拟情景，分别模拟我国开征工业水污染税种之后对工业水污染排放量、GDP 以及主要经济指标的影响程度。具体的模拟情景设置如表 7-1 所示。

表 7-1　　　　　　　　　模拟情景设置说明

所属大类	编号	情景设置	税率及技术进步程度
第一大类	s1	基期情景，即不征收工业水污染税	0.7
第二大类	s2-a	征收工业水污染税（低税率），但不考虑技术进步因素	1.4
	s2-b	征收工业水污染税（估算税率），但不考虑技术进步因素	3.15
	s2-c	征收工业水污染税（中税率），但不考虑技术进步因素	4.2
	s2-d	征收工业水污染税（高税率），但不考虑技术进步因素	5.6
第三大类	s3-a	征收工业水污染税（低税率），并考虑技术进步因素	1.4；10%
	s3-b	征收工业水污染税（估算税率），并考虑技术进步因素	3.15；10%
	s3-c	征收工业水污染税（中税率），并考虑技术进步因素	4.2；10%
	s3-d	征收工业水污染税（高税率），并考虑技术进步因素	5.6；10%

　　如表7-1所示，在征收工业水污染税的第二大类与第三大类模拟情景中，分别设置了四档税率。为了与我国即将开征的环境税收中的水污染税收部分保持一致性，除在本书第六章估算的税率之外，本书还特别添加了1.4元/吨、4.2元/吨以及5.6元/吨三档税率。

　　在第三大类情景模拟中，本书将工业水污染治理的技术进步因素考虑其中。根据环保部所明确的"十二五"减排目标，"十二五"期间化学需氧量排放量与2010年相比应当降低8%，氨氮排放量应当降低10%，为了便于计算，本书将技术进步情景统一设置为工业水污染排放强度系数下降10%，而工业水污染税率设置与第二大类模拟情景相同。

　　二　模拟结果分析

　　（一）工业水污染税对GDP的影响

　　图7-1给出了不同模拟情景下征收工业水污染税对GDP的影响，其中第一类情境，即税率为0.7元/吨的情景为基准情景，模拟结果主要针对第二类以及第三类情景与基准情景的对比展开。

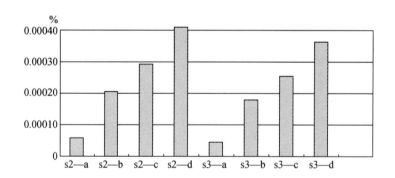

图7-1　模拟情景下GDP变动情况（基准情况=1）

　　与基准情况相比，不论第二类情景还是第三类情景，向工业部门征收水污染税对我国GDP均能够起到拉动作用，但作用程度极其有限。在第二类情景下，GDP随着税率的提高而逐步增加，在最高税率 5.6 元/吨的情况下，GDP 与基准情景相比提高 0.0004%；在第三类情景下，即考虑技术进步情况下，对工业行业征收水污染税的 GDP 拉动作用更为有限，即便是最高税率情景下，与基准情景相比 GDP 也仅提高约 0.00035%，这一提升幅度与庞大的经济规模相比几乎可以忽略不计。因此，可以认为对工业行业征收水污染税对 GDP 的影响几乎为零。

通常而言，当一种税收新开征时，对于宏观经济往往会带来一定的负面影响，这与本书的模拟结果存在一定的差异，其原因在于本书的研究对象为工业水污染税，从税收结构角度来看，属于环境税框架之下的水污染税收中的一部分，这一税收规模不论对于宏观经济总量而言，还是相较于税收总量而言均为极小的比例，从这一角度来看，开征工业水污染税对宏观经济难以造成显著的影响，在一定程度上对本书的模拟结果给予了支持。同时，这也表明我国在环境条件约束之下实现绿色转型存在较为充足的政策空间，为加快经济发展方式转型与调整产业结构，实现清洁生产提供了必要的支持。

（二）工业水污染税对水污染减排的影响

总体而言，开征工业水污染税之后，不论是高污染行业还是清洁行业，其单位产值的污染物排放量均会大幅度地降低。目前，传统产业在我国经济体系中仍然占据较高比例，约 67% 的企业属于传统产业，创造了 87% 的 GDP 以及 70% 的财政收入。[1] 在今后一段时间内，传统产业在我国经济中的占比仍会较高，对我国经济发展、社会稳定以及就业等方面仍会发挥重要作用，因此，降低传统产业的污染排放规模，不仅是我国环境保护工作的重要内容，还是实现产业升级与绿色转型的发展要求，对我国经济、社会健康、有序发展起到了极其重要的作用。

图 7-2 与图 7-3 给出了第二类情景下，即仅征收工业水污染

---

① 秦昌波：《中国环境经济一般均衡分析系统及其应用》，科学出版社 2014 年版，第 84 页。

税时，经济体系中各行业的化学需氧量以及氨氮的减排情况。

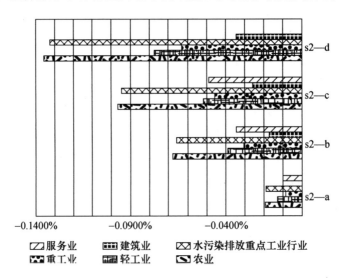

图 7 - 2 第二类情景下化学需氧量减排情况（基准情景 = 1）

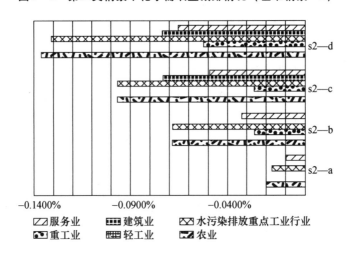

图 7 - 3 第二类情景下氨氮减排情况（基准情景 = 1）

由图可知，从整体上看，各生产部门的污染排放量随着税率的提高而呈现出逐渐下降的趋势，且税率越高，减排效果越明显。具体地说，就化学需氧量而言，各行业中水污染排放重点工业行业与农业部门的减排效果最为突出，其次为重工业部门，服务业与轻工业部门减排程度较为接近，而建筑业的污染减排幅度最低；就氨氮而言，水污染排放重点工业行业、农业、服务业的减排幅度较高，重工业在低税率（1.4 元/吨）情景下，并没有表现出明显的污染减排趋势，当税率提高到 3.15 元/吨及以上时，才呈现出削减的态势。建筑业与重工业情况较为相似，当税率提高至 4.2 元/吨及以上时，开始表现出减排的态势。与此相对比，当仅征收工业水污染税时，在模型设置的四种税率之下，轻工业的氨氮减排幅度均较小，与其他行业相比甚至可以忽略不计。

图 7-4 与图 7-5 给出了第三类情景下，即同时考虑征收工业水污染税与技术进步时，经济体系中各行业的化学需氧量以及氨氮的减排情况。

由图可知，整体而言，两种污染物的削减幅度均表现出了随税率的提高而上升的趋势。与第二类情景的模拟结果较为类似的是，整体来看，各行业在化学需氧量减排方面表现得更为敏感，行业间差异较小，而氨氮减排幅度在不同行业间的差距较大。

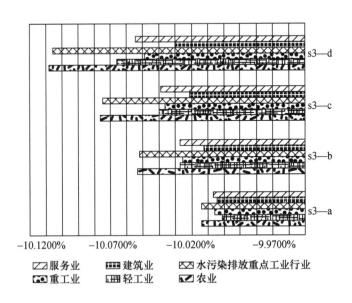

-10.1200%　-10.0700%　-10.0200%　-9.9700%

☑ 服务业　▥ 建筑业　⬚ 水污染排放重点工业行业
⬙ 重工业　▦ 轻工业　◪ 农业

图 7-4　第三类情景下化学需氧量减排情况（基准情景 =1）

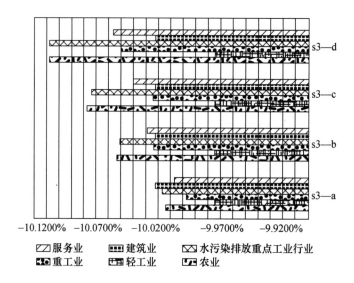

图 7-5 第三类情景下氨氮减排情况 （基准情景 =1）

就化学需氧量而言，不同税率下农业与水污染排放重点工业行业的减排幅度始终最高，当税率提高至 3. 15 元/吨及以上时，轻工业的减排幅度超越重工业，上升至第三位，此外，服务业的减排程度也较为明显，而建筑业的减排幅度则相对较低。

就氨氮而言，由于情景假设技术进步率为 10%，因此，通常而言，各部门的氨氮削减幅度应当超过 10%，但是轻工业部门的减排幅度却始终在 10% 之下，而除轻工业之外的其他行业则表现出了较为理想的污染削减态势，且水污染排放重点工业行业的减排效果尤为突出。出现这一现象的可能解释在于：由于基准情况下轻工业行业的氨氮排放量较少，仅为五千余吨，是各行业中氨氮排放量的最小值，因此，该行业的氨氮减排空间极为有限，不论是通过征税方式还是借助技术进步，该行业的氨氮减排量均难以实现显著降低，其减排规模与幅度与其他行业相比势必较小。

（三）工业水污染税对收入分配的影响

通常而言，收入分配涉及居民收入与政府收入两部分内容，但是，由于本书的研究对象是对工业行业征收水污染税，而该项税收对居民并不构成影响，与基准情景相比，各模拟情景下的居民收入并不发生明显变化，只有政府收入呈现出一定的上升趋势。因此，本部分仅对政府收入的变化进行阐述，而不涵盖居民收入部分。

由图7-6可知，在第二类与第三类模拟情景下，政府部门的收入均有所提高，且提高幅度与税率上升幅度相一致。但是，在考虑了技术进步的第三类情景下，政府部门的增收速度明显低于第二类情景，这说明政府部门为了使各生产部门的水体污染排放强度系数有所下降，势必会以牺牲当前利益，即减少当期政府收入为代价，以此来保证减排效率的提高。换言之，从长远来看，技术进步势必会给宏观经济以及政府收入带来正向影响，但仅就当期而言，则需要首先付出一定的"代价"，这在一定程度上可以理解为存在收入跨期转移的现象。

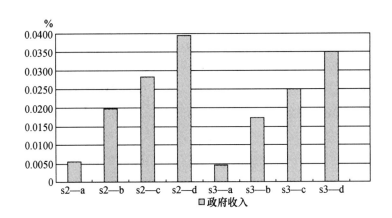

图7-6　模拟情景下政府收入变动情况（基准情景=1）

（四）工业水污染税对贸易结构的影响

图7-7至图7-10给出了第二类情景与第三类情景下各行业进出口规模的变动情况。由图可知，总体而言，开征工业水污染税对我国对外贸易会产生一定的负向冲击，使进口以及出口均受到不同程度的影响，各个行业的进出口规模均呈现出不同程度的萎缩现象。具体地说，开征工业水污染税对水污染排放重点工业行业的负

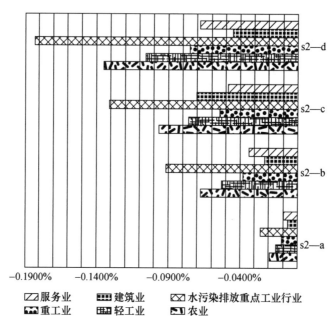

图 7-7 第二类情景下进口变动情况（基准情景 =1）

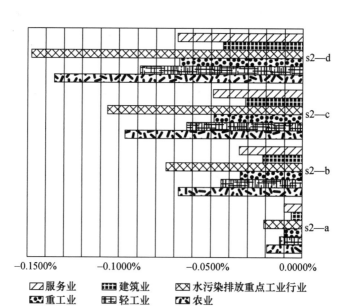

图 7-8 第二类情景下出口变动情况（基准情景 =1）

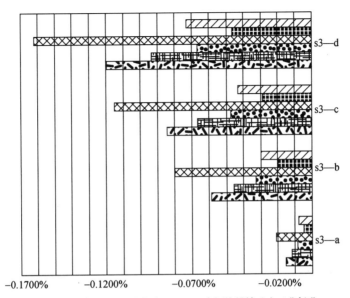

图7-9　第三类情景下进口变动情况（基准情景=1）

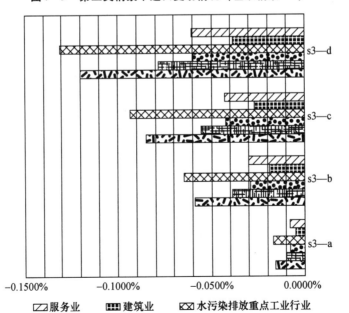

图7-10　第三类情景下出口变动情况（基准情景=1）

向冲击最为严重，其次为农业部门，而建筑业所受到的冲击最少。造成这一现象的原因在于水污染排放重点工业行业以及农业部门均属于环境污染行业，其水污染排放规模以及污染物浓度均较高，因此，征税之后受到的冲击程度必然会高于其他部门，使得进出口结构发生变化，提高了清洁行业的出口竞争力，为清洁行业提供了发展机遇，同时也起到了促使生产者积极开展清洁生产活动的作用，有效地降低了高污染行业的进出口规模，减少了我国的环境压力，提高了贸易活动的绿色程度。此外，由于征收工业水污染税对我国的进口规模冲击程度高于出口规模，因此，从整体上而言，征税并不会降低我国经济的相对竞争力。

（五）工业水污染税对产业结构的影响

图 7-11 以及图 7-12 给出了第二类与第三类情景设置之下各行业的产出变动情况。由图可知，开征工业水污染税对优化产业结构能够起到显著作用，水污染排放重点工业行业、农业等高污染行业的经济活动水平受到了较强的负向冲击，产出水平受到了较大程度的抑

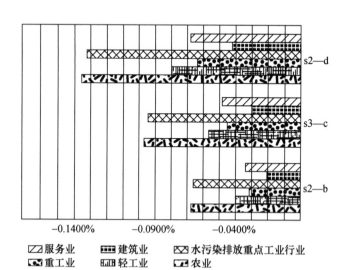

图 7-11　第二类情景下行业产出变动情况（基准情景 =1）

注：s2 - a 因与图中其他情景相比变化较小，几乎不可见，因此未在图中显示。

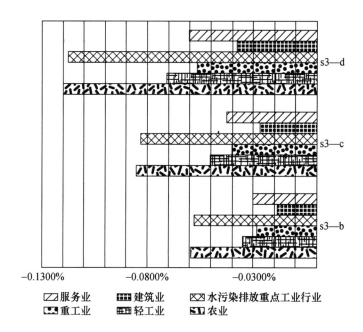

图 7 – 12　第三类情景下行业产出变动情况（基准情景 = 1）

注：s3 – a 因与图中其他情景相比变化较小，几乎不可见，因此未在图中显示。

制，而清洁行业所受到的冲击明显低于上述两个行业，有利于产业结构优化升级。造成这一现象的原因在于高污染行业的污染排放量较大，减排成本也高于其他行业，开征工业水污染税会进一步提高这些行业的生产成本，使得生产者不得不将提高的成本转嫁给消费者，即通过提高销售价格的方式保证生产活动正常进行，而提价的必然结果便是使得消费者对该种类商品的需求降低，影响上述行业的销售规模，进而造成产量萎缩，生产活动规模降低。因此，在当前节能减排的大背景之下，开征工业水污染税能够有效地实现抑制高污染行业进一步扩张的目标，同时也起到了鼓励企业向清洁行业发展的作用，在优化产业结构、提高经济发展绿色化程度方面均发挥了重要作用。

第二节　中国工业水污染税收
制度边际影响分析[①]

通过借鉴郭正权（2011），本书在工业水污染税收制度的边际影响分析中统一将各行业水体污染物排放量设置为自变量，将相应的研究对象设置为因变量，并统一使用如下方法进行分析。

首先，假设因变量与自变量之间存在如下关系：

$$Y = a \times X^3 + b \times X^2 \qquad\qquad (7.1)$$

则自变量对因变量的边际影响可用下式表示：

$$M = 3a \times X^2 + 2b \times X \qquad\qquad (7.2)$$

在通过计量方法求出系数 a 与 b 的值之后，便可以获得自变量对因变量的边际影响情况。

一　边际产出损失分析

假设各行业生产活动的产出与水体污染物排放量之间存在如下关系：

$$TQA = a \times QEM^3 + b \times QEM^2 \qquad\qquad (7.3)$$

则征收工业水污染税收所造成的减排边际产出损失为：

$$MQA = 3a \times QEM^2 + 2b \times QEM \qquad\qquad (7.4)$$

按照本书估算出的工业水污染税率，以及环保部设置的高、中、低三档环境税率，可以计算得出相应的水体污染物减排量，以及相应的各行业生产活动产出损失量，进而按照式（7.3）可以计算得出系数 a 与 b 的值，即获得水体污染物减排与产出损失之间的关系。

图 7 – 13 给出了各行业水体污染物减排所造成的边际产出损失情况。由图可知，在仅征收工业水污染税的情况下，随着水体污染排放量的下降，各行业的边际产出损失呈现出先下降后上升的趋

---

① 郭正权：《基于 CGE 模型的我国低碳经济发展政策模拟分析》，博士学位论文，中国矿业大学，2011 年。

势。换言之，适度地追求产业结构升级与绿色转型对我国经济而言会产生积极的影响，但是，若过度苛求环境保护目标，则可能造成"过度清洁"问题，对我国经济发展造成过重的负担。因此，在制定污染减排目标、构建绿色税制的同时，应当结合我国经济发展状况以及企业承受能力加以考虑，否则可能造成得不偿失的后果。

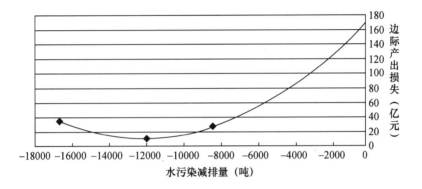

水污染减排量（吨）

图 7 - 13　边际产出损失曲线

二　边际贸易损失分析

假设各行业进口与水体污染物排放量之间存在如下关系：

$$TQM = a \times QEM^3 + b \times QEM^2 \qquad (7.5)$$

则征收工业水污染税收所造成的减排边际进口损失为：

$$MQM = 3a \times QEM^2 + 2b \times QEM \qquad (7.6)$$

与前文边际产出分析相类似，按照式（7.6）可以计算得出系数 a 与 b 的值，即获得水体污染物减排与进口损失之间的关系。由于边际出口损失分析方法与进口相似，此处不再赘述。

图 7 - 14 以及图 7 - 15 给出了各行业水体污染物减排所造成的边际进出口损失情况。由图可知，在仅征收工业水污染税的情况下，随着水体污染物排放量的下降，各行业的边际产出损失呈现出先上升后下降的趋势。换言之，随着工业水污染税税率的提高，我国的进出口贸易所受到的冲击会呈现出先上升后下降的趋势。这一现象的可能解释如下：目前，世界上各国对国际贸易产品均提出了

环境保护标准要求，我国开征工业水污染税能够有效地刺激传统行业进行优化升级，能够有效地保证我国贸易产品的绿色化程度的提升，且随着工业水污染税税率的不断提升，我国对环境友好型国际贸易商品的要求不断提高，能够更加符合国际标准，为我国企业开拓国际市场提供了更为有利的条件。

此外，由图可知，随着工业水污染税税率的提高，边际出口损失略小于边际进口损失，因此，整体上而言，开征工业水污染税对我国的贸易条件不会产生突出的不利影响。

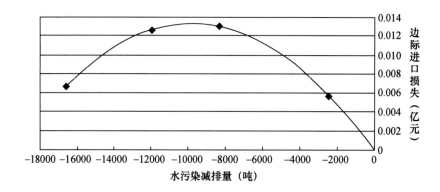

图 7-14　边际进口损失曲线

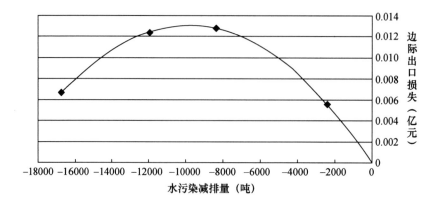

图 7-15　边际出口损失曲线

第三节　小结

本章在对模型模拟结果进行阐述的基础上，对征收工业水污染税对各行业产出以及进出口贸易的边际影响进行分析，其主要结论如下。

（1）在两种模拟情景下，开征工业水污染税对我国 GDP 的影响均十分有限，GDP 变动幅度相对庞大的经济规模而言可以忽略不计。

（2）在两种模拟情景下，开征工业水污染税对水污染排放重点工业行业以及农业等高污染行业的水体污染减排激励作用明显，且水体污染物减排量随税率提高而上升。

（3）开征工业水污染税对政府部门增收能够起到一定的正向作用，但在考虑技术进步的情况下，政府部门短期内增收幅度较低。

（4）在两种模拟情景下，开征工业水污染税对高污染行业的进出口规模冲击均较大，上述行业的国际贸易规模萎缩程度较高。但总体来看，对我国进口的冲击力度要强于对出口的冲击力度，因此，我国进出口贸易的整体竞争力未受到显著影响。

（5）在两种模拟情景下，开征工业水污染税均能够起到优化产业结构的作用，高污染行业的产出规模受到较大影响，促使企业开展清洁生产，有效地提高了我国产业的绿色化程度。

（6）在边际产出损失分析中，随着工业水污染税税率的不断提高，边际产出的损失呈现出先降低后升高的变化趋势，这在一定程度上表明"过度清洁"问题可能对经济发展造成一定负担，因此，应当制定合理的污染减排目标，将减排成本控制在可承受范围之内。

（7）在边际贸易损失分析中，随着工业水污染税税率的不断提高，边际贸易损失呈现出先上升后下降的变化趋势，这说明进出口商品绿色化程度的提高有利于我国对外贸易的健康发展。

第八章 工业水污染税收制度背景下
污染物减排驱动因素分析

第一节 LMDI 方法概述

近年来，国内外学者对指数分解方法进行了研究，提出了众多分解方法，其中多数方法是基于 Laspeyres 与 Divisia 方法的改进，在分解过程中难免会存在部分没有获得解释的剩余项。考虑到分解方法的核心在于研究既定影响因素对于总量变化的相对贡献程度，因此，如果在分解过程中存在剩余项，那么利用该方法进行分解所获得的解释结果的可信性与有效性便会大打折扣，研究结论也会受到质疑。[①]

Ang（2004）[②] 以迪氏均值法为基础，提出了对数均值迪氏因素分解法（Logarithmic Mean Divisia Index Method，LMDI），从根本上解决了存在未解释分解剩余项的问题，成功地实现了总量变化的完全分解，极大地提高了分解方法的结果精确度，有效地保证了乘法分解与加法分解结果的一致性。由于该方法的实用性与解释能力均较强，因此得到了广泛使用。

LMDI 方法的基本思想是将目标变量转换为若干个相关影响因

---

① 秦昌波：《中国环境经济一般均衡分析系统及其应用》，科学出版社 2014 年版，第 66 页。

② Ang B. W. , "Decomposition Analysis for Policymaking in Energy: Which is the Preferred Method?", *Energy Policy*, No. 9, 2004.

素的组合，以恒等式的形式分析各个影响因素对目标变量的影响程度，进而客观地选出较大影响因素。在保证所需数据可获得的前提下，可以使用该方法将目标变量逐级分解，最终获得各个影响因素的贡献率。

该方法用数学描述如下所示。[①]

假设目标变量为 W，且该变量能够分解为 n 个因子的和的形式，即：

$$W = \sum_{i=1}^{n} W_i \tag{8.1}$$

且 W_i 能够分解为 m 个影响因素的乘积形式，即：

$$W_i = x_{1i} \times x_{2i} \times \cdots \times x_{mi} \tag{8.2}$$

在时段 $[0, t]$ 之内，W^0 与 W^t 分别可以分解为如下形式：

$$W^0 = \sum_{i=1}^{n} x_{1i}^{0} \times x_{2i}^{0} \times \cdots \times x_{mi}^{0} \tag{8.3}$$

$$W^t = \sum_{i=1}^{n} x_{1i}^{t} \times x_{2i}^{t} \times \cdots \times x_{mi}^{t} \tag{8.4}$$

在此基础上，LMDI 分解方法能够以两种方式进行分解，一种是加法形式（Additive Decomposition），另一种是乘法形式（Multiplicative Decomposition），这两种分解方法最终得到的分解结果是一致的。

两种分解形式的方法如下所示。

加法形式的分解方法：

$$\Delta W = W^t - W^0 = \Delta W_{x1} + \Delta W_{x2} + \cdots + \Delta W_{xm} \tag{8.5}$$

式（8.5）右侧第 k 项可以继续分解为如下形式：

$$\Delta W_{xk} = \sum_{i=1}^{n} \frac{W_i^t - W_i^0}{\ln W_i^t - \ln W_i^0} \ln\left(\frac{x_{ki}^t}{x_{ki}^0}\right) \tag{8.6}$$

乘法形式的分解方法：

$$D = \frac{W^t}{W^0} = D_{x1} \times D_{x2} \times \cdots \times D_{xm} \tag{8.7}$$

---

① 张玲琳、雷黎：《基于 LMDI 方法的北京市对外交通运输能耗分解研究》，《山东科学》2013 年第 6 期。

式（8.7）右侧第 k 项可以继续分解为如下形式：

$$D_{xk} = \exp\left[\sum_{i=1}^{n} \frac{(W_i^t - W_i^0)/(\ln W_i^t - \ln W_i^0)}{(W^t - W^0)/(\ln W^t - \ln W^0)} \times \ln\left(\frac{x_{ki}^t}{x_{ki}^0}\right)\right] \quad (8.8)$$

本书在后续研究中使用加法分解对开征工业水污染税的污染减排总量进行因素分解研究，以期客观地分析得出污染减排的主要驱动因素。

第二节　基于 LMDI 方法的水污染减排因素分析

一　模型的构建

本书以秦昌波（2014）[①] 的相关研究为基础，并在其基础上进行调整，参照 CGE 模型模拟出的相应结果，将开征工业水污染税之后各行业水体污染物减排量作为目标变量进行分解。

通常而言，生产者按照成本最小化原则在使用清洁技术进行污染减排与排放污染物之间进行选择，当污染治理以及使用清洁生产技术的边际成本超过生产活动所带来的边际收益时，生产者会选择收缩高污染生产活动规模，以此来保证污染排放量的降低。与此同时，为保证利润水平不受影响，生产者还会扩大清洁产品的生产规模，进而实现了生产结构的调整与转变。从整个经济体系的角度来看，当众多生产者相继调整生产结构时，便实现了产业结构的优化升级。但是，对于生产而言，当扩大清洁生产活动规模所产生的利益难以完全弥补高污染生产活动收缩所需要支付的成本时，便面临结构调整的成本过高问题，在这一情况之下，便只能通过缩减经济活动总规模来实现污染物减排的目标。因此，本书认为水体污染物减排总量可以分解为三方面的影响因素，分别是水体污染物排放强

[①]　秦昌波：《中国环境经济一般均衡分析系统及其应用》，科学出版社 2014 年版，第 66—67 页。

度因素、产业结构因素以及经济规模因素。

具体地，水体污染物排放强度因素以 CGE 模型模拟出的污染物排放量与各行业产出之比表示，产业结构因素以各行业产出与总产出之比表示，经济规模因素以各行业总产出表示。数学表达式如下：

$$QEM = \sum_i \frac{QEM_i}{QA_i} \times \frac{QA_i}{QA} \times QA = \sum_i INT_i \times STR_i \times QA \quad (8.9)$$

其中，QEM 表示经济体系中各行业排放的水体污染物总量；方程右侧第一个等式中 QEM_i 表示第 i 个行业的排污量，QA_i 表示第 i 个行业的产出量，QA 表示全部行业的总产出；方程右侧第二个等式中 INT 表示各行业的污染排放强度，STR 表示经济活动的产出结构，QA 表示经济规模。

因此，水体污染物减排量可以用下式表示：

$$QEM_t - QEM_0 = \Delta QEM = \Delta INT + \Delta STR + \Delta QA \quad (8.10)$$

其中，下脚标 t 表示征收工业水污染税之后，下脚标 0 表示尚未开征工业水污染税。

对式（8.9）两边对时间 t 求导，即：

$$\frac{\mathrm{d}\ln QEM}{\mathrm{d}t} = \sum_i \frac{INT_i \times STR_i \times QA}{QEM} \times \left(\frac{\mathrm{d}\ln INT_i}{\mathrm{d}t} + \frac{\mathrm{d}\ln STR_i}{\mathrm{d}t} + \frac{\mathrm{d}\ln QA}{\mathrm{d}t} \right)$$

$$(8.11)$$

$$w_i = \frac{INT_i \times STR_i \times QA}{QEM}$$

令，则 QEM 在征税前后的变化量 ΔQEM 可以表示为：

$$\Delta QEM = QEM_t - QEM_0 = \int_0^t \sum_i w_i \times \ln \frac{INT_i^t}{INT_i^0} \mathrm{d}t + \int_0^t \sum_i w_i \times \ln \frac{STR_i^t}{STR_i^0} \mathrm{d}t$$

$$+ \int_0^t \sum_i w_i \times \ln \frac{QA^t}{QA^0} \mathrm{d}t \quad (8.12)$$

$$w_i^* = \frac{QEM_i^t - QEM_i^0}{\ln QEM_i^t - \ln QEM_i^0}$$

令，对式（8.12）右侧的积分项求解，可得：

$$\Delta QEM = \sum_i w_i^* \times \ln \frac{INT_i^t}{INT_i^0} + \sum_i w_i^* \times \ln \frac{STR_i^t}{STR_i^0} + \sum_i w_i^* \times \ln \frac{QA^t}{QA^0}$$

(8.13)

因此，对照式（8.10）可知：

$$\Delta INT = \sum_i w_i^* \times \ln \frac{INT_i^t}{INT_i^0}$$

(8.14)

$$\Delta STR = \sum_i w_i^* \times \ln \frac{STR_i^t}{STR_i^0}$$

(8.15)

$$\Delta QA = \sum_i w_i^* \times \ln \frac{QA^t}{QA^0}$$

(8.16)

至此，基于 LMDI 方法的工业水污染税收制度背景下的水污染减排驱动因素分析模型构建完成。

二　模型结果分析

与传统的 LMDI 分析不同，本书以开征工业水污染税前后为时间段进行分析，所用数据全部来自 CGE 模型模拟结构，主要涉及各行业水体污染物排放量与减排量、各行业产出量以及全社会总产出等变量。表 8 - 1 给出了在仅征收工业水污染税背景下不同税率等级所对应的各行业水体污染物排放量以及产出水平。

表 8 - 1　　　　　　　　　　模型所用数据

项目	税率	act1[1]	act2	act3	act4	act5	act6
化学需氧量排放量（万吨）	T_1[2]	792.116	7.729	45.974	240.341	11.695	140.244
	T_2	791.963	7.728	45.97	240.295	11.694	140.23
	T_3	791.58	7.726	45.96	240.182	11.693	140.196
	T_4	791.35	7.725	45.953	240.113	11.692	140.176
	T_5	791.043	7.723	45.945	240.023	11.691	140.148

---

[1]　为节省版面，此处以字母代表各行业名称，其中 act1 表示农业，act2 表示轻工业，act3 表示重工业，act4 表示水污染排放重点工业行业，act5 表示建筑业，act6 表示服务业。

[2]　为节省版面，此处以字母代表仅征收工业水污染税情景下的不同税率，其中 T_1 表示 0.7 元/吨，T_2 表示 1.4 元/吨，T_3 表示 3.15 元/吨，T_4 表示 4.2 元/吨，T_5 表示 5.6 元/吨。

续表

项目	税率	act1①	act2	act3	act4	act5	act6
氨氮排放量（万吨）	T_1	78.502	0.782	3.821	17.521	1.357	18.317
	T_2	78.486	0.78195	3.82	17.518	1.3565	18.315
	T_3	78.448	0.7819	3.819	17.509	1.356	18.311
	T_4	78.426	0.78185	3.818	17.504	1.3555	18.308
	T_5	78.395	0.7818	3.817	17.498	1.355	18.305
各行业产出（亿元）	T_1	133758	140426	1145193	556902	104140	506322
	T_2	131936.5	136769.4	1017235	505637.5	88889.66	495049.7
	T_3	133667.4	140369.9	1144828	556533.5	104118	506149.3
	T_4	133628.6	140345.8	1144672	556375.7	104108.6	506075.3
	T_5	133576.9	140313.8	1144463	556165.4	104096	505976.7
总产出（亿元）	T_1	2586741					
	T_2	2375517.838					
	T_3	2585666.176					
	T_4	2585205.788					
	T_5	2584592.205					

资料来源：CGE 模型模拟结果。

在此基础上，利用式（8.13）至式（8.16）进行计算，可以分别得到各个影响因素对水体污染物排放量的贡献量与贡献率，最终结果如表 8 - 2 以及表 8 - 3 所示。

由表可知，在低税率（1.4 元/吨）背景下，由于经济波动幅度较大，且污染减排效果较差，说明该税率并不是理想税率，因此下文的讨论分析主要针对估算税率、中税率以及高税率情景进行展开。

---

① 为节省版面，此处以字母代表各行业名称，其中 act1 表示农业，act2 表示轻工业，act3 表示重工业，act4 表示水污染排放重点工业行业，act5 表示建筑业，act6 表示服务业。

表 8 - 2 不同税率情景下水体污染物排放量变化影响因素分解（贡献量）

税率		T₂	T₃	T₄	T₅
化学需氧量	ΔINT（亿元）	44. 50961	5. 22E - 06	0. 00079	0. 000693
	ΔSTR（亿元）	60. 72846	- 0. 24931	- 0. 35609	- 0. 49842
	ΔQA（亿元）	- 105. 456	- 0. 51439	- 0. 7347	- 1. 02828
	ΔQEM（万吨）	- 0. 218	- 0. 762	- 1. 09	- 1. 526
氨氮	ΔINT（亿元）	3. 847649	- 0. 00016	3. 71E - 05	0. 000613
	ΔSTR（亿元）	6. 377945	- 0. 02286	- 0. 03265	- 0. 0457
	ΔQA（亿元）	- 10. 2466	- 0. 04998	- 0. 07139	- 0. 09991
	ΔQEM（万吨）	- 0. 021	- 0. 073	- 0. 104	- 0. 145

表 8 - 3 不同税率情景下水体污染物排放量变化影响因素分解（贡献率）　　　单位:%

税率		T₂	T₃	T₄	T₅
化学需氧量	ΔINT	20417. 25	0. 0007	0. 0725	0. 0454
	ΔSTR	27857. 09	- 32. 6449	- 32. 6691	- 32. 6616
	ΔQA	- 48374. 34	- 67. 4034	- 67. 4034	- 67. 3838
	ΔQEM	- 100	- 100	- 100	- 100
氨氮	ΔINT	18322. 14	- 0. 2193	0. 0357	0. 4226
	ΔSTR	30371. 57	- 31. 3135	- 31. 3943	- 31. 5169
	ΔQA	48793. 31	- 68. 4672	- 68. 6414	- 68. 9057
	ΔQEM	- 100	- 100	- 100	- 100

对于污染排放强度因素而言，两种污染物的污染排放强度的变化均能够对污染排放量起到一定的增强作用。但是，对于化学需氧量而言，该作用随着税率的提高而逐渐下降；但是对于氨氮而言，该作用却随着税率的提高而逐渐上升。但是，对于两种污染物而言，污染排放强度的最小贡献率均出现在税率为 3.15 元/吨的情景中，这一结果支持了本书对工业水污染税税率的估算结果，即 3.15元/吨的税率能够在最大限度上降低污染排放强度因素对污染排放总量产生继续上升的影响，是五种税率设置中最为合理的税率标准。

对于结构效应而言，在低税率情况下，即当税率为 1.4 元/吨时，各行业调整生产结构并不能产生污染减排效果，只能通过收缩生产规模的途径控制污染物排放量；而当税率上升至 3.15 元/吨及以上时，调整生产结构能够实现污染减排效果，且随着税率的不断提高，结构效应在污染物减排中所发挥的作用逐渐加大，当税率提高至 5.6 元/吨时，结构效应对两种水体污染物减排的贡献率接近1/3。由此可知，开征工业水污染税能够在很大程度上激励我国企业调整生产结构，实现产业结构升级。

对于规模效应而言，在不同的税率背景之下，缩小生产规模均能够起到降低污染物排量的作用，且随着税率提高，规模效应的影响贡献率越大。此外，在三种影响因素中，不论税率如何变化，规模效应的贡献率始终最高。在不同税率下对化学需氧量以及氨氮的贡献度分别为 67.3558%、67.4034%、67.3838%、68.4672%、68.6414%、68.9057%。这是因为在污染减排目标执行初期，工业水污染税的产业结构调整作用尚未完全发挥出来，生产者主要依靠缩小生产规模实现污染物总量减排目标。因此，为实现兼顾经济增长与环境保护的发展目标，除推行绿色税收制度之外，我国还需要出台其他机制加以配合，加快我国产业结构调整速度，以保证经济利益与环境友好的"双赢"目标的实现。

第三节 小结

本章利用指数分解模型对开征工业水污染税导致的各行业水体污染物减排总量进行分解分析，并得到如下结论。

第一，总体而言，征收工业水污染税所起到的水体污染物减排作用主要通过规模效应来实现，而主要抑制因素则是污染物排放强度因素。但是，污染物排放强度因素相对于结构效应以及规模效应而言，其贡献率较低，甚至不足1%。

第二，开征工业水污染税能够在一定程度上起到"倒逼"产业结构调整的作用。水体污染物减排量的驱动因素中结构效应占据约1/3的比例，并且该贡献率随着税率的提高而逐渐上升。但是，工业水污染税的产业结构调整作用的实现需要适度的税率水平相配合，过低的税率水平难以起到刺激生产者调整生产结构的作用。

第三，在短期内，开征工业水污染税所起到的水体污染物减排作用主要依靠生产者缩小生产规模来实现。因此，需要政府部门出台相关配套机制，以此来保证产业结构调整速度的加快，尽早实现产业结构的绿色转型。

第四，在本书所设置的四种税率情景下，前文基于Logistic方法估算出的税率在污染物排放强度效应方面对污染减排的负向作用最小，这在一定程度上支持了本书的估算结果，表明该税率是较为理想的工业水污染税率水平。

第五，在低税率情景下，我国经济体系中产出水平波动较大，而污染物减排效果并不明显，因此，这说明过低的税率水平并不适用于我国，既不符合经济稳定发展原则，也不符合环境保护工作目标。

第九章 结论与政策建议

第一节 结论

在水环境持续恶化以及水资源极度匮乏的背景下，水体污染物治理工作已经逐渐成为我国应对水质性缺水问题的必然选择。而在当前的排污收费制度背景下，水体污染治理工作始终存在诸多问题难以从根本上得到有效解决，因此，开征水污染治理税收成为最优选择。

基于以上背景，本书以确定最优工业水污染治理税收制度为目标，在分析了我国现行的排污收费制度的污染控制表现以及存在的不足之处之后，通过借鉴国外典型国家在废水污染治理方面所实行的税收制度，对我国的工业水污染税收制度进行了设计，并以 Logistic 模型为基础，对我国的工业水污染税税率进行估算，并在该估算结果的基础上，运用 CGE 模型对开征工业水污染税收之后我国的宏观经济变化态势进行模拟与边际影响分析，最后，利用 LMDI 方法对工业水体污染物削减的驱动因素进行分解分析，并给出政策建议。

本书的主要结论如下。

第一，我国现行的排污收费制度在污染控制表现方面欠佳，呈现出东、中、西部地区之间不平衡的状况。

根据第三章所构建的污染控制表现（PCP）模型分析结果可知，我国现行的排污收费制度的污染控制表现并不尽如人意，存在东部地区最优、中部地区次之、西部地区最差的现象，且这一差距在 2006 年前后表现极为突出，自 2008 年之后有所缓解。可以认为，这与现行的排污收费制度在设计与运行方面均存在较多缺陷有关，难以从根本上改变目前排污收费制度作用发挥不显著的问题。因此"费改税"是顺应发展的必然选择，是从根本上解决目前我国污染防治工作力度不足的有效办法。

第二，我国工业水污染税的税率应当约为 3.15 元/吨。

第五章以 Logistic 模型估算工业水污染所带来的经济损失，其结果显示 2010 年我国因工业水污染所承担的经济损失约为 783.42 亿元，而按照现行的《排污费征收标准管理办法》中的相关规定推算出的当年我国工业水污染税的税基约为 248.66 亿吨废水，由于税率等于应纳税额与税基二者的商，因此我国最优工业水污染税税率水平应当为 3.15 元/吨。

第三，开征工业水污染税对我国的 GDP 总量难以造成显著的影响。

与基准情况相比，不论第二类情景还是第三类情景，对工业部门征收水污染税对我国 GDP 均能够起到拉动作用，但作用程度极其有限，甚至可以忽略不计，这表明我国在环境条件约束之下实现绿色转型存在较为充足的政策空间，为加快经济发展方式转型与调整产业结构，实现清洁生产提供了必要的支持。

第四，整体而言，化学需氧量与氨氮两种水体污染物的削减幅度均表现出了随税率的提高而上升的趋势，且水污染排放重点工业行业以及农业等高污染行业的水体污染减排激励作用明显。

第五，开征工业水污染税会使政府收入有所提升，但在技术进步背景下存在政府收入跨期转移的现象。

在两类模拟情景之下，政府收入均会随着新税种的开征而提高，且增收规模与税率水平相关，但考虑技术进步因素时，政府部门会在当期以放弃部分收入为代价，以此来支持生产者减排效率的提高，即存在收入跨期转移的现象。

第六，开征工业水污染税对我国对外贸易会产生一定的负向冲击，但并不会降低我国对外经济的相对竞争力。

开征工业水污染税对水污染排放重点工业行业进出口的负向冲击最为严重，其次为农业部门，而建筑业所受到的冲击最少，使得进出口结构发生变化，提高了清洁行业的出口竞争力，为清洁行业提供了发展机遇。但是，由于征收工业水污染税对我国的进口规模冲击程度高于出口规模，因此可以认为开征新税种并不会从整体上影响我国对外经济的相对竞争力。

第七，开征工业水污染税在优化产业结构方面作用显著。

新税种开征之后水污染排放重点工业行业、农业等高污染行业的经济活动水平受到了较强的负向冲击，产出水平受到了较大程度的抑制，而清洁行业所受到的冲击明显低于上述两个行业，有利于产业结构优化升级，同时也起到了鼓励企业向清洁行业发展的作用。

第八，随着工业水污染税税率水平的逐渐提高，各行业的边际产出损失呈现出先下降后上升的趋势，而边际贸易损失呈现出先上升后下降的趋势。

适度地追求产业结构升级与绿色转型对我国经济而言会产生积极的影响，但是，若过度苛求环境保护目标，则可能造成"过度清洁"问题，对我国经济发展造成过重的负担。此外，随着工业水污染税税率的不断提升，我国对环境友好型国际贸易商品的要求不断提高，能够更加符合国际标准，为我国企业开拓国际市场提供了更为有利的条件。

第九，在短期内，开征工业水污染税所起到的水体污染物减排作用主要依靠生产者缩小生产规模来实现，但新税种的开征能够在一定程度上起到"倒逼"产业结构调整的作用，并且结构效应的贡献率随着税率的提高而逐渐上升。

第二节　政策建议

一　构建工业水污染税收法律体系

作为保障经济社会平稳、有序发展的重要制度安排之一，法律手段逐渐成为现代社会中其他手段发挥治理与调控作用的基础与前提。法律体系的缺位无疑将使经济手段、行政调控手段等治理方法失去根基，[1] 因此，构建工业水污染税收法律体系是十分必要的。

（一）提高工业水污染治理政策的立法层次

依法治税的前提是有法可依，完善的法律体系为工业水污染税的顺利开征提供了坚实的法律基础，是顺利实现水体中工业污染物治理目标、发挥税收的调节作用的基础性前提条件。然而，作为开征工业水污染税的必要前提保证，我国现有的法律体系显然难以满足当前水体环境治理的要求，需要进一步的丰富与完善，为工业水污染税的开征奠定坚实的法律基础。[2] 因此，为了确保我国的环境保护事业，尤其是水体环境保护工作尽早步入正轨，应当尽快提高环保税收政策的立法层次，出台相应的环境税收法律法规政策。例如，可以在将环境税收基本法作为环保工作的根本性法律基础的同时，针对环境保护税收框架下的各个分税种分别制定法律细则，从而形成由不同的环境税收法律构成的环保税法律框架体系，从整体上提高环保税收的法律层次。相应地，工业水污染税作为环保税种中的一部分，其法律层次也会随之而提高。总的来说，这一举措能够从根本上解决长期以来困扰我国环境保护工作的问题，在完善与健全现行税收法律体系的同时，极大地增强了我国环保工作的法律

---

[1] 吴佳强：《关于构建绿色环境税体系的研究》，博士学位论文，财政部财政科学研究所，2013 年。

[2] 王琳：《环境税开征的效应分析和政策建议——基于我国现行准环境税税收数据的分析》，硕士学位论文，厦门大学，2014 年。

保障，有利于促进我国环保工作的顺利推进。[①]

（二）适当赋予地方政府税收征管权

我国幅员辽阔，不仅自然环境以及资源分布具有显著的区域性差异，不同地区的环境污染程度各不相同，不同地区之间社会、经济发展程度以及对环境保护工作的具体要求也存在较大差异。因此，在保证环境保护相关税收政策由中央政府部门进行顶层设计的同时，有必要就工业水污染税赋予地方政府因地制宜的灵活征管权限。[②]

但是，目前我国与环境相关的税费的征收管理均带有较强的集权特征，既不利于环境保护相关政策获得预期的实施效果，也不利于充分调动地方政府的工作积极性。综观世界其他国家，尤其是发达国家的做法，在环境相关税种的征管权限上，中央与地方政府均实行了分权，且做到了真正意义上的权、责、利相匹配。[③] 总的来说，发达国家的环境税收的开征通常都带有较强的政府级次特征，较高级次政府与较低级次政府分别负责不同环境税种的征收管理。我国工业水污染税的开征可以适当借鉴发达国家的经验，在将环境税纳入地方税体系之中的同时，给予地方政府一定的权限，在中央政府顶层设计框架之下，使之能够根据本地资源禀赋分布条件以及环境保护政策目标，对工业水污染税的税率水平等税制要素因地制宜进行适当调整。这一做法既能够充分调动地方政府环境保护的积极性，也能够为地方环保事业筹集治理资金，在保证国家政策统一性的前提下，有针对性地解决地方的实际问题。[④]

此外，建议以法律形式对中央与地方的税收征管权限进行明确划分。换言之，将税收征管过程中所涉及的双方的权利与义务通过

[①]　杜灵芝：《我国开征水资源税问题的探讨》，硕士学位论文，天津财经大学，2011年。

[②]　王琳：《环境税开征的效应分析和政策建议——基于我国现行准环境税税收数据的分析》，硕士学位论文，厦门大学，2014年。

[③]　同上。

[④]　吴盈：《环境税政策研究》，硕士学位论文，上海交通大学，2011年。

法律加以明确，确保工业水污染税的有序征管。具体地说，中央政府主要负责对工业水污染税的征管进行整体规划与顶层设计，从全局观出发对工业水污染税的制度框架进行统一的规划与安排。而地方政府则主要负责因地制宜地对工业水污染税进行具体的征管，在保证该税种在全国范围内的统一性的前提下，适当地结合地区自身具体情况进行调整。[①]

二 践行税收中性原则，实现环境税收"双重红利"

早期的税收中性原则是指对于某一种税种而言，纳税人只需要承担一定的税收费用，而不再需要承受其他的与税收相关的额外经济损失，即通常所说的超额负担最小化。近些年来，伴随着社会经济的不断发展变化，税收中性原则的内涵也随之不断丰富起来，不再局限于最初的超额负担最小化的狭窄内涵。[②] 当前，人们所说的税收中性原则是相对于税收超额负担而提出的，主要包含两方面内容：一是税收以税法为基础，以"应收尽收"为前提，并且在最大限度上以不为纳税人增加新的负担为目标；二是税收应当起到平衡国家需要和纳税人承受能力的作用，当国家推行新税种的时候，以不对市场经济的正常运行产生过大的影响为准则。[③] 对于工业水污染税而言，税收中性原则具体表现为纳税人通过获得补贴、补偿以及其他税种减征等形式所获得的与新开征的工业水污染税税收负担等价的款项。

总的来说，税收中性原则能够保证在税收充分发挥调控作用的同时，并不影响市场经济充分发挥资源优化配置的作用，使市场经济与税收调控恰当地融合起来。虽然税收中性仅以理想状态而存在，在现实中新税种的出台对经济的运行势必会产生一定的影响，

---

① 王琳：《环境税开征的效应分析和政策建议——基于我国现行准环境税税收数据的分析》，硕士学位论文，厦门大学，2014年。

② 吴佳强：《关于构建绿色环境税体系的研究》，博士学位论文，财政部财政科学研究所，2013年。

③ 蒋书彬：《基于低碳经济的我国环境税收研究》，博士学位论文，东北林业大学，2013年。

但是，应当尽量将该影响控制在一定范围之内，力争对市场资源配置的影响最小化。因此，在开征工业水污染税的同时，应当坚持税收中性原则，在增添新税种的同时，降低其他现存税种的税率，[①]为避免重复征税现象发生，建议从纳税人劳动以及收入方面降低现行的税收负担，以此来保证新征税种的开征对我国税制结构以及经济运行所产生影响处于可控范围之内，避免经济、社会发展出现过大的波动。

此外，为将纳税人的税收负担控制在科学合理的范围之内，新开征的工业水污染税应当以调控行为为主要目标，以增加政府部门的税收收入为次要目标，通过结构性减税来达到保持税收中性原则的目标。[②]

三 税收款项专项用于水环境保护

传统意义上的税收款项专款专用原则是指为避免新开征的税种对经济社会产生过大影响，有必要按照对税款征收的贡献程度将税收收入投向于纳税企业或者纳税人，这一做法可以视为新开征的税种为使纳税企业或者纳税人能够获得一定的缓冲期而进行的税款使用。但是，考虑到目前我国生态环境，尤其是水环境的恶劣性，以及环境保护工作的紧迫性，为了能够在短期内迅速获得税收对企业行为的调控作用以及对生态环境的保护作用，工业水污染税收款项的使用有必要打破传统观念，将税款资金用于水体污染治理以及水体环境保护工作方面，构建水体环境保护以及水体污染治理的专项基金。这一做法既是针对我国当前的生态环境状况所作出的必然选择，也是保证环境保护工作资金的充足来源，提高环保工作效率的有效途径。但是，需要特别指出的是，为了从整体上提高工业水污染税收资金的使用效率，有必要对税款的专款专用进行宏观设计。换言之，应当根据我国环境整体状况以及不同地区的具体情况，有

---

① 蒋书彬：《基于低碳经济的我国环境税收研究》，博士学位论文，东北林业大学，2013 年。

② 吴佳强：《关于构建绿色环境税体系的研究》，博士学位论文，财政部财政科学研究所，2013 年。

针对性地对专款专用项目进行科学的设计规划，避免盲目的专项使用导致政府财政机能下降的现象发生，从整体上将政府的宏观调控能力保持在一个理想的水平之上。[①]

此外，为了确保工业水污染税能够顺利获得预期效果，有必要将工业水污染税收收入列入预算管理范围之内，增加税款收支的硬性约束，提高资金使用的透明性与公开性，使税款的使用符合环境保护工作的要求。[②]

四 建立健全配套措施

鉴于环境保护工作所具有的长期性、综合性等特征，开征工业水污染税实现环境保护目标需要依靠多方的共同努力。因此，为保证新税种的顺利开征以及税收调节作用的充分发挥，需要综合运用经济、法律、行政等多种手段加以实施，以及科学合理的配套措施加以辅助。例如，可以通过加强与其他部门的相互配合，构建出覆盖工业水污染税收征管各个环节的网络体系，加强该税种的征管力度，提高征管效率。此外，还可以通过完善现行税制中的相关政策，通过与其他税种的协调配合，形成政策合力，从整体上进一步提高企业主动治理水体污染的积极性。

（一）加强与其他部门的配合协调

工业水污染税的开征既要考虑理论上的合理性，也要考虑实践中的可行性。从我国当前情况来看，新税种的开征除了需要考虑该税种本身的税制设计问题，还需要在具体征收中得到各个行政部门的相互配合，尤其在开征初期，更加需要税务部门与多部门的密切配合。[③]

工业水污染税作为新税种，在开征之后势必会对社会、经济的

---

① 吴佳强：《关于构建绿色环境税体系的研究》，博士学位论文，财政部财政科学研究所，2013 年。

② 王琳：《环境税开征的效应分析和政策建议——基于我国现行准环境税税收数据的分析》，硕士学位论文，厦门大学，2014 年。

③ 蒋书彬：《基于低碳经济的我国环境税收研究》，博士学位论文，东北林业大学，2013 年。

各个领域产生一定影响，但是，考虑到目前我国水体环境保护工作的重要性与紧迫性，各个相关部门应当通力合作，为工业水污染税的顺利开征创造便利条件。[①] 虽然工业水污染税收政策的贯彻落实主要依靠税务机关，但是，为保证税收政策能够达到预期效果，还需要环保部门、统计部门、水利部门、财政部门等部门的积极协助与配合，进行多部门联合征管。

具体而言，应当按照精简、高效、便捷的原则，对各部门的职责进行合理分工，各司其职。鉴于工业水污染税的税收性质，由税务机关作为其主要征管部门是毋庸置疑的，而其他部门应当充分发挥自身的专业技能，对税务机关提供征管帮助。[②] 例如，税务部门作为工业水污染税的征收主体部门，面临的主要技术瓶颈在于涉及环境方面的专业知识与专业技能，即在对企业排放污染物的浓度、数量的监测方面存在技术难题，这便需要环保部门积极提供技术上的支持与配合。因此，可以考虑借助环保部门的相关技术人员与技术设备，在对污染物进行认定的同时，对污染物浓度以及排放总量进行全面监测，并将监测数据及时反馈给税务机关以及统计部门。与此同时，环境保护部门还应当不断加强环境质量监测技术设备的更新与升级，并注重提升技术人员的专业技能以及综合素质。总的来看，这一做法既节约了税收征管成本，也从整体上极大地提高了税收征管的效率。此外，考虑到税收收入的管理以及支出等工作主要由财政部门负责，因此，税收部门与财政部门的相互配合也是十分必要的。这一做法既能够最大限度地保证工业水污染税收收入资金的使用效率，还能够切实保证税收收入投向环境保护与生态补偿方面，为我国环境保护工作的蓬勃发展提供保障。与此同时，财政部门在制定财政政策时还需要注意与税收以及环保部门的沟通与交流，避免财政政策、税收政策与环保政策之间存在冲突，通过形成

① 蒋书彬：《基于低碳经济的我国环境税收研究》，博士学位论文，东北林业大学，2013 年。
② 王琳：《环境税开征的效应分析和政策建议——基于我国现行准环境税税收数据的分析》，硕士学位论文，厦门大学，2014 年。

政策合力，切实保证环境保护工作的要求得以满足。① 综上，工业水污染税的顺利开征，需要不同部门的相互协调配合，共同构建出协税护税网络，实现部门之间的信息共享，保证税收征管效率的整体提高。

但是，需要特别指出的是，为了实现多部门的协调配合，还需要解决不同部门的职责、权利定位问题。考虑到排污费改税过程中环保部门受到的损失最为严重，因此在开征工业水污染税之后，环保部门对于税务机关的工作配合难免会出现积极性不高的问题，为了杜绝该现象的出现，应当以制度方式解决这一问题。具体地，可以通过制定两部门之间相互配合的工作细则，明确双方的责任义务，确保新税种的顺利出台。②

（二）加强与现行税收制度的协调配合

环境税收框架下的工业水污染税收的顺利开征需要对环境税收进行整体改革，其路径选择通常存在两种形式：一是对现有税种的征收范围进一步扩大，将环保目标纳入其中，即在现行税收框架中增添与环境保护有关的条款；二是开征独立的环境保护相关税种，构建环保税收调控体系。综观世界其他国家的成功经验，环境税收体系的构建通常为上述两种方式的综合使用。换言之，既需要原有税收体系的进一步完善，又需要新税制的合理构建，以此来形成政策合力，最大限度地充分实现可持续发展与税收制度改革的深度融合。③

虽然我国现行税种中存在众多与环境保护政策规定相一致的条款，为环境保护工作的顺利开展提供了一定的支持，在促进环保事业蓬勃发展方面发挥着重要作用。但是，由于上述政策法律并没有形成统一的体系，而是零散地分布在不同的税种之中，难以相互配合有力地发挥调控作用。此外，由于现行税种的立法并不以环境保

---

① 丛乔：《中国环保税收政策研究》，硕士学位论文，吉林大学，2012 年。
② 蒋书彬：《基于低碳经济的我国环境税收研究》，博士学位论文，东北林业大学，2013 年。
③ 张玉：《财税政策的环境治理效应研究》，博士学位论文，山东大学，2014 年。

护为目标，因此，税制中的环保条款十分有限，在很大程度上限制了现有税种对环境保护工作所起到的支持作用。综上，有必要对现行税种进行进一步的完善，使之与新开征的工业水污染税相互配合，形成政策合力，共同推动我国水体生态环境保护事业的发展。[①]

1. 与消费税的配合

作为1994年我国税制改革中新增添的税种，消费税在促进环境保护工作深入推进方面发挥着重要的作用。

总的来说，消费税的改革目标就是"对资源消耗大、污染程度高的产品，课以重税；对资源消耗少、污染程度低的环保或者绿色产品，给予减免税等优惠政策"。单从环境保护角度而言，凡是能够直接或者间接对生态环境产生不利影响的消费品，均应当对其征收高额的消费税，从而保证该消费品的消费所产生的负外部性内部化。因此，开征工业水污染税之后，消费税的调整与改革的目标应当将容易对水体环境产生污染或者破坏的消费品纳入征税范围，并以污染程度为依据进行差别征收，从而达到鼓励清洁产品的使用或者消费的目的。[②]

具体而言，首先，需要进一步扩大消费税的征税范围，通过价格信号对不利于水体环境保护的商品消费进行限制，同时加大力度鼓励绿色产品的生产与消费。建议将资源消耗量大、水体环境污染程度强、难以降解的消费品，例如一次性纸尿裤、电池、高档建筑装饰材料、塑料制品、杀虫剂、氟利昂产品等，纳入消费税的征税范围之内，增强消费税征税范围的绿色程度。

其次，应当进一步拉大不同消费品的适用税率档次，充分发挥消费税的调节作用，加强对水体环境的保护作用。建议对高耗能、高污染的消费品按照高税率进行征收，对环境友好型绿色消费品给予税收减免等优惠政策，通过借助不同税率档次，充分发挥消费税在推广清洁产品方面的作用，引导企业进行绿色转型，进而实现环

---

① 魏光明：《我国环境税收问题研究》，博士学位论文，中国海洋大学，2010年。
② 吴盈：《环境税政策研究》，硕士学位论文，上海交通大学，2011年。

境保护的目的。[①]

具体而言，应当从整体上提高诸如烟花、鞭炮、汽油、柴油等污染性较强的消费品的适用税率，同时，根据污染程度的高低，对不同的污染性消费品征收不同数额的消费税，即在整体上奉行"高污染、高耗能产品适用高税率；低污染、低耗能的产品适用低税率"的原则的同时，在高污染、高耗能产品内部再次进行区别征税，最大限度地充分发挥税收的调节作用。[②]

最后，建议将消费税的征收环节由现行的生产环节改为消费环节。由于消费税具有间接税的性质，因此，消费者对含税价格并不敏感，不同的消费税税率难以被消费者敏锐地觉察到，这使得该税种在消费调节方面的作用大打折扣。因此，为了增强消费者对消费税率的敏感程度，提高消费税的调节作用，应当将消费税的征收环节改为零售环节，并对价税进行分离。这一做法既能够增强消费者的纳税意识，又能够在很大程度上影响消费者的消费心理，有效地促使其更加倾向于选择购买消费税率较低的商品，进而起到抑制高耗能、高污染等高消费税率的商品消费的作用，在一定程度上为环境保护工作提供了支持与配合。[③]

2. 与增值税的配合

首先，现行《增值税暂行条例》规定，为了降低农业生产的成本，目前对化肥、农药、农膜的销售以及进口均实行13%的优惠税率，虽然这一规定有助于减轻农民负担，但考虑到上述产品的较强的污染性，从环境保护的角度来看，该规定并不利于生态环境的保护以及污染治理工作的顺利开展。为保证我国经济的健康可持续发展，建议对上述产品恢复17%的增税税率，不再享受优惠税率。

其次，应当对节水设备、污染处理设备的销售与进口给予减免税优惠政策倾斜，提高该类设备的普及与使用，而对于高耗水、高

---

① 丛乔：《中国环保税收政策研究》，硕士学位论文，吉林大学，2012年。

② 魏光明：《我国环境税收问题研究》，博士学位论文，中国海洋大学，2010年。

③ 张玉：《财税政策的环境治理效应研究》，博士学位论文，山东大学，2014年。

污染设备的购进企业，则不允许增值税进项税的抵扣。[①]

最后，建议对符合环境保护与污染治理目标的企业给予税收优惠政策。例如，对于专门从事环境保护以及污染治理的企业而言，可以享受"零税率"的优惠政策；对于以"三废"为主要生产原材料的企业而言，可以享受增值税减免或"即征即退"的优惠政策；对于能够循环利用资源或者再生资源进行生产，并且其生产的产品符合我国环境保护政策标准的企业，同样可以享受减免税或者增值税"即征即退"优惠政策。[②]

3. 与资源税的配合

首先，应当进一步扩大资源税的征收范围。我国的资源税始于1984年，主要涵盖原油、天然气、煤炭以及铁矿石四大类资源，主要存在征收范围狭窄、覆盖面小的问题。尽管1994年的税制改革将资源税的征收范围扩大至七种，但该税种征收范围狭窄的问题仍然没有从根本上得以解决。综观世界上其他国家，大多将矿藏资源、土地资源、水资源、动植物资源、森林资源、草场资源、海洋资源、地热资源等覆盖在内，与我国资源税的狭窄的征税范围形成了鲜明对比。为了增强资源税的调节作用，可以适时扩大征税范围。[③]

建议将水资源、森林资源、土地资源、海洋资源等逐步纳入资源税的征收范围之中，并将现行的资源性收费政策所覆盖的征收范围纳入资源税征收范围之中。此外，还应当将现行土地增值税、城镇土地使用税、耕地占用税等税种纳入资源税范围之中，形成覆盖范围广的广义上的资源税。在资源税税收收入的使用方面，则应当体现出资源保护的特点，将税收资金主要投入退耕还林、风沙治理等生态工程之中。[④]

与此同时，为了防止自然资源的过度开采，还可以考虑将企业

---

① 刘蔚绥：《促进水资源保护的税收体系研究》，硕士学位论文，暨南大学，2009年。

② 魏光明：《我国环境税收问题研究》，博士学位论文，中国海洋大学，2010年。

③ 吴盈：《环境税政策研究》，硕士学位论文，上海交通大学，2011年。

④ 魏光明：《我国环境税收问题研究》，博士学位论文，中国海洋大学，2010年。

开采后自用或者因未顺利销售而积压的资源也列入应税资源范围之内，通过增加企业开采、使用、囤积资源的成本，引导企业合理开采自然资源。[1]

表 9-1　　　　　　　　资源税征收范围的变化

征税范围	内涵
原有征税范围的扩大	将土地资源、水资源、森林资源、动植物资源、草场资源等多种资源纳入资源税征收范围之中
"费改税"	将土地损失补偿费、水资源补偿费、矿产资源补偿费、林业补偿费、渔业资源费等多种费用纳入资源税范围之中
原有税种的合并	将现行土地增值税、城镇土地使用税、耕地占用税等税种纳入资源税范围之中

资料来源：吴佳强：《关于构建绿色环境税体系的研究》，博士学位论文，财政部财政科学研究所，2013 年。

其次，应当明确资源税所担负的生态环境保护的责任，在纳税人可承受范围之内，从整体上提高资源税的总体税负，并根据资源的稀缺性、不可再生性、不可替代性以及人类生存发展的依赖性等因素对不同的资源适用税率加以确定。[2]

目前，我国资源税税率整体偏低，难以在真正意义上对纳税人的经济行为产生影响。因此，有必要参照资源的经济价值以及对生态环境的破坏性等因素，在充分考虑市场因素的前提下，适当提高资源税的税率标准，对污染性较强的资源产品尤其应当课以重税，通过提高重要污染源开发成本的方式限制对其进行开发利用，通过实行差别税率促进自然资源的合理开发利用，以及实现环境保护的总体目标。

但是，需要指出的是，在资源税税率提高之后，很有可能存在税负向下游企业转嫁的问题，因此，可以先以试点的形式在小范围

---

[1]　吴盈：《环境税政策研究》，硕士学位论文，上海交通大学，2011 年。
[2]　魏光明：《我国环境税收问题研究》，博士学位论文，中国海洋大学，2010 年。

内提高资源税税率，待时机成熟之后再逐步推广改革的范围。[1]

最后，为了进一步发挥资源税的调节作用，促进资源的合理利用，还应当改革现行资源税的计税方式，将现行的以资源的销售和使用数量为计税依据的从量定额计征方式改革为从价计征。[2]

现行的从量定额计征方式存在众多弊端，难以充分反映资源的市场价格以及稀缺程度，因此，有必要将现行从量定额计征方式改革为从价计征，依据资源的销售收入确定资源税的征收数额，避免税收数额与资源收益脱节现象的发生。[3]

---

① 张玉：《财税政策的环境治理效应研究》，博士学位论文，山东大学，2014 年。
② 魏光明：《我国环境税收问题研究》，博士学位论文，中国海洋大学，2010 年。
③ 张玉：《财税政策的环境治理效应研究》，博士学位论文，山东大学，2014 年。

参考文献

［1］ Ang B. W. ，"Decomposition Analysis for Policymaking in Energy： Which is the Preferred Method?"，*Energy Policy*，No. 9，2004.

［2］ C. Coeck et al. ，" The Effects of Environmental Taxes： An Empirical Study of Water and Solid Waste Levies in Flanders"，*Annals of Public and Cooperative Economics*，No. 4，1995.

［3］ Changbo Qin et al. ，"Assessing Economic Impacts of China's Water Pollution Mitigation Measures through a Dynamic Computable General Equilibrium Analysis"，*Environmental Research Letters*，No. 6，2011.

［4］ Changbo Qin et al. ，"The Economic Impact of Water Tax Charges in China： a Static Computable General Equilibrium Analysis"，*Water International*，No. 3，2012.

［5］ Charles Upton， "Optimal Taxing of Water Pollution"，*Water Resources Research*，No. 5，1968.

［6］ Dufournaud M. et al. ，"Leontief's Environmental Repercussions and the Economic Structure Revisited： a General Equilibrium Formulation"，*Geographical Analysis*，No. 4，1988.

［7］ Henning T. J. et al. ，"Economic Instruments and the Pollution Impact of the 2006 – 2010 Vietnam Socio – Economic Development Plan"，*Munich Personal RePEc Archive*，No. 23，2008.

［8］ James Boyd，"Water Pollution Taxes： A Good Idea Doomed to Failure?"，*Resources for the Future*，2003.

［9］ Jerome E. ，Hass，"Optimal Taxing for the Abatement of Water

Pollution", *Water Resources Research*, No. 2, 1970.

[10] Jian Xie, Sidney Saltzman, "Environmental Policy Analysis: An Environmental Computable General Equilibrium Approach for Developing Countries", *Journal of Policy Modeling*, No. 4, 2000.

[11] Jing Cao, "Essays on Environmental Tax Policy Analysis: Dynamic Computable General Equilibrium Approaches Applied to China", *Harvard University*, 2007.

[12] Laijun Zhao et al., "Harmonizing Model with Transfer Tax on Water Pollution across Regional Boundaries in a China's Lake Basin", *European Journal of Operational Research*, No. 225, 2013.

[13] Lofgren et al., "External Shocks and Domestic Poverty Alleviation: Simulations with a CGE Model of Malawi", *International Food Policy Research Institute*, 2001.

[14] M. Donny Azdan, "Water Policy Reform in Jakarta, Indonesia: a CGE Analysis", *The Ohio State University*, 2001.

[15] R. Schoeb, "Evaluating Tax Reforms in the Presence of Externalities", *Oxford Economics Papers*, No. 48, 1996.

[16] Rob Dellink et al., "Dynamic Modeling of Pollution Abatement in a CGE Framework", *Economic Modeling*, No. 21, 2004.

[17] Seunghun Joh, "A Computable General Equilibrium Approach to Environmental Modeling in the United States Agriculture", *Sangamon State University*, 1998.

[18] Shahbaz Mushtaq et al., " Evaluating the Impact of Tax – for – Fee Reform (Fei Gai Shui) on Water Resources and Agriculture Production in the Zhanghe Irrigation System, China", *Food Policy*, No. 33, 2008.

[19] Xie Jian, "Environmental Policy Analysis: An Environmental Computable General Equilibrium Model for China", *Cornell University*, 1995.

[20] Zengkai Zhang et al., "Effects and Mechanism of Influence of Chi-

na's Resource Tax Reform：A Regional Perspective"，*Energy Economics*，2012.

[21] 阿耶·L. 希尔曼：《公共财政与公共政策》，中国社会科学出版社 2006 年版。

[22] 白雪：《我国排污收费制度的完善研究》，硕士学位论文，西安建筑科技大学，2011 年。

[23] 曹雨欣：《工业污废水处理分析及治理》，《科技信息》2011 年第 16 期。

[24] 陈庆秋、陈晓宏：《广东省水资源费征收体制改革初探》，《人民长江》2006 年第 4 期。

[25] 陈雯、肖皓、祝树金、吕娟：《湖南水污染税的税制设计及征收效应的一般均衡分析》，《财经理论与实践》（双月刊）2012 年第 175 期。

[26] 陈雯：《中国水污染治理的动态 CGE 模型构建与政策评估研究》，博士学位论文，湖南大学，2012 年。

[27] 陈欣：《排污费改税的法律思考》，《环境经济》2014 年第 3 期。

[28] 陈旭升、范德成：《中国工业水污染状况及其治理效率实证研究》，《统计与信息论坛》2009 年第 3 期。

[29] 丛乔：《中国环保税收政策研究》，硕士学位论文，吉林大学，2012 年。

[30] 邓细林：《云南省能源 CGE 模型的节能政策研究》，硕士学位论文，云南财经大学，2012 年。

[31] 邓祥征：《环境 CGE 模型及应用》，科学出版社 2011 年版。

[32] 刁凤琴：《石油储量动态经济评价研究》，博士学位论文，中国地质大学，2007 年。

[33] 杜灵芝：《我国开征水资源税问题的探讨》，硕士学位论文，天津财经大学，2011 年。

[34] 樊勇、籍冠珩：《工业水污染税税率测算模型的构建与应用》，《经济理论与经济管理》2014 年第 9 期。

［35］高萍、樊勇：《我国污染排放税设立的必要性与制度设计》，《税务研究》2009 年第 4 期。

［36］高萍：《对我国开征环境税的探讨》，《涉外税务》2011 年第 8 期。

［37］高萍：《欧洲典型废水税方案及我国开征废水税的制度选择》，《中央财经大学学报》2012 年第 6 期。

［38］郭京菲、郑宗勇、傅国伟：《我国水污染收费系统的现状与对策》，《上海环境科学》1998 年第 6 期。

［39］郭正权：《基于 CGE 模型的我国低碳经济发展政策模拟分析》，博士学位论文，中国矿业大学（北京），2011 年。

［40］国家环境保护局、国家技术监督局：《污水综合排放标准》，1996 年。

［41］韩旭：《我国工业废水排放量与经济增长关系的实证研究》，硕士学位论文，西南财经大学，2009 年。

［42］韩志成：《我国水污染税制度建设构想》，《广西社会科学》2003 年第 1 期。

［43］环境保护部环境监察局：《中国排污收费制度 30 年回顾及经验启示》，《环境保护》2009 年第 20 期。

［44］霍尔斯、曼斯伯格：《政策建模技术：CGE 模型的理论与实现》，清华大学出版社 2009 年版。

［45］贾海彦：《公共品供给中的政府经济行为分析——一个理论分析框架及在中国的应用》，经济科学出版社 2008 年版。

［46］贾琳琳：《我国开征水污染税的制度研究》，硕士学位论文，河北经贸大学，2013 年。

［47］姜泽平：《我国开征污染税制度构想》，硕士学位论文，山东科技大学，2010 年。

［48］蒋书彬：《基于低碳经济的我国环境税收研究》，博士学位论文，东北林业大学，2013 年。

［49］靳东升、龚辉文：《排污费改税的历史必然性及其方案选择》，《地方财政研究》2010 年第 9 期。

［50］李慧玲：《我国排污收费制度及其立法评析》，《中南林业科技大学学报》（社会科学版）2007 年第 2 期。

［51］李玮：《中国煤炭资源税法律制度研究》，硕士学位论文，山西财经大学，2006 年。

［52］刘白：《试论现行排污收费制度的缺陷及改革》，《环境保护》2007 年第 9 期。

［53］刘厚莲：《排污权交易市场创建研究——以江西为例》，硕士学位论文，江西财经大学，2012 年。

［54］刘溶沧、赵志耘：《中国财政理论前沿 II》，社会科学文献出版社 2001 年版。

［55］刘伟明：《我国排污费制度的局限性及其改革措施》，《中国外资》2012 年第 4 期。

［56］刘蔚绥：《促进水资源保护的税收体系研究》，硕士学位论文，暨南大学，2009 年。

［57］刘先一：《课征水污染税的构思》，《水污染防治立法和循环经济立法研究》，2005 年。

［58］刘忠庆、李淑英：《排污费征管中存在的问题、原因及对策》，《地方财政研究》2009 年第 11 期。

［59］吕建华、王芮：《对我国工业废水污染补偿问题的探究》，《法制博览》2014 年第 11 期。

［60］吕金花：《将水资源纳入资源税征收范围的税制设计机制分析》，《扬州大学税务学院学报》2010 年第 6 期。

［61］马红波：《浅析我国水资源税的开征》，硕士学位论文，中国人民大学，2008 年。

［62］马乃毅：《城镇污水处理定价研究》，博士学位论文，西北农林科技大学，2010 年。

［63］孟建国、苗丽华、刘洪瑞：《基于 Logistic 模型的水污染经济损失计量研究——以大沽夹河为例》，《新疆环境保护》2008 年第 3 期。

［64］秘翠翠：《基于 CGE 模型的碳税政策对我国经济影响分析》，

硕士学位论文，天津大学，2011 年。

[65] 聂丽曼：《我国排污收费制度及其在环境影响经济评价中的应用》，硕士学位论文，青岛大学，2006 年。

[66] 彭定赟、肖加元：《俄、荷、德三国水资源税实践——兼论我国水资源税费改革》，《涉外税务》2013 年第 4 期。

[67] 秦昌波：《中国环境经济一般均衡分析系统及其应用》，科学出版社 2014 年版

[68] 全玉莲、郭慧玲、梁红、石碧清、张雪花：《污染治理投资与工业废水排放的关系研究》，《节水灌溉》2008 年第 6 期。

[69] 任继斐：《关于我国经济发展中排污收费制度的评价》，《内蒙古科技与经济》2014 年第 2 期。

[70] 佘秀娟：《开征水资源税促进水资源可持续利用》，硕士学位论文，西南财经大学，2007 年。

[71] 沈琳、韩葱慧、李佶：《国外保护水资源财税政策的简介与启示》，《涉外税务》2009 年第 3 期。

[72] 石风光：《中国地区工业水污染治理效率研究——基于三阶段 DEA 方法》，《华东经济管理》2014 年第 8 期。

[73] 司言武、李珺：《我国排污费改税的现实思考与理论构想》，《统计与决策》2007 年第 24 期。

[74] 司言武、全意波：《水污染税税率设计探讨：以城市生活污水为例》，《经济论坛》2009 年第 7 期。

[75] 司言武、全意波：《我国水污染税税率设计研究：以工业废水为例》，《经济理论与经济管理》2009 年第 6 期。

[76] 司言武、全意波：《我国水污染税税率设计研究》，《涉外税务》2010 年第 11 期。

[77] 斯琴波：《我国水污染税税制设计初步设想》，《商场现代化》2009 年第 6 期。

[78] 宋晓红：《论我国排污收费制度的改革》，硕士学位论文，南京师范大学，2011 年。

[79] 孙漪璇：《国外水污染税制度比较及构建我国水污染税制的设

想》,《济宁学院学报》2008 年第 8 期。

[80] 王金南、龙凤、葛察忠、高树婷:《排污费标准调整与排污收费制度改革方向》,《环境保护》2014 年第 19 期。

[81] 王丽琼、张江山:《工业水污染损失的经济计量模型》,《云南环境科学》2004 年第 1 期。

[82] 王琳:《环境税开征的效应分析和政策建议——基于我国现行准环境税税收数据的分析》,硕士学位论文,厦门大学,2014 年。

[83] 王敏、李薇:《欧盟水资源税(费)政策对中国的启示》,《财政研究》2012 年第 3 期。

[84] 王鹏:《论排污收费制度》,《2013 中国环境科学学会学术年会论文集》,2013 年。

[85] 王永航:《水污染物排污收费标准制定理论及技术方法研究》,博士学位论文,清华大学,1996 年。

[86] 王赟超:《基于环境税框架下的水污染税税率设计研究》,硕士学位论文,南京财经大学,2012 年。

[87] 王志芳:《环境税收使用问题研究》,《税务研究》2012 年第 4 期。

[88] 魏光明:《我国环境税收问题研究》,博士学位论文,中国海洋大学,2010 年。

[89] 吴佳强:《关于构建绿色环境税体系的研究》,博士学位论文,财政部财政科学研究所,2013 年。

[90] 吴雪:《对水资源征税的看法》,《税务研究》2006 年第 7 期。

[91] 吴盈:《环境税政策研究》,硕士学位论文,上海交通大学,2011 年。

[92] 肖加元:《欧盟水排污税制国际比较与借鉴》,《中南财经政法大学学报》2013 年第 2 期。

[93] 邢福俊:《中国水环境的改善与城市经济发展》,博士学位论文,东北财经大学,2002 年。

[94] 邢丽:《开征环境税:结构性减税中的“加法”效应研究》,《税务研究》2009 年第 7 期。

［95］ 邢素芳：《我国工业水污染综合治理现状》，《旅游纵览》（下半月）2014 年第 9 期。

［96］ 徐艳青：《基于 CGE 模型的北京市水价策略研究》，硕士学位论文，北京工商大学，2012 年。

［97］ 徐卓顺：《可计算一般均衡（CGE）模型：建模原理、参数估计方法与应用研究》，博士学位论文，吉林大学，2009 年。

［98］ 许文：《论开征环境税的三大关系问题》，《税务研究》2012 年第 9 期。

［99］ 严明清：《城市排污收费的经济分析——基于武汉市的案例研究》，博士学位论文，华中科技大学，2004 年。

［100］ 杨清伟：《重庆市水污染经济损失的初步估算》，《中国农村水利水电》2008 年第 4 期。

［101］ 杨展里：《水污染物排放权交易技术方法研究》，博士学位论文，河海大学，2001 年。

［102］ 杨志安、汤旖璆、宁宇之：《财税视角下我国污染控制表现研究》，《经济研究参考》2014 年第 53 期。

［103］ 杨志峰、程红光：《城市工业水污染控制模拟系统的模型体系》，《环境科学学报》2002 年第 2 期。

［104］ 尹婷婷：《我国排污费制度问题的探究》，《管理方略》2014 年第 1 期。

［105］ 余江、王萍、蔡俊雄：《现行排污收费制度特点及若干问题探析》，《环境科学与技术》2005 年第 5 期。

［106］ 袁文卿：《水环境污染治理的税收政策》，《环境保护》2004 年第 2 期。

［107］ 袁向华：《排污费与排污税的比较研究》，《中国人口·资源与环境》2012 年第 5 期。

［108］ 张玲琳、雷黎：《基于 LMDI 方法的北京市对外交通运输能耗分解研究》，《山东科学》2013 年第 6 期。

［109］ 张伟、姚建、尹怡众、王燕：《四川省工业结构的水污染效应及对策分析》，《资源开发与市场》2006 年第 6 期。

［110］张欣：《可计算一般均衡模型的基本原理与编程》，人民出版社 2010 年版。

［111］张颖：《中国流域水污染规制研究》，博士学位论文，辽宁大学，2013 年。

［112］张玉：《财税政策的环境治理效应研究》，博士学位论文，山东大学，2014 年。

［113］张源：《关于我国开征环境污染税的思考》，《商业时代》2010 年第 28 期。

［114］赵永、王劲峰：《经济分析 CGE 模型与应用》，中国经济出版社 2008 年版。

［115］中华人民共和国财政部、国家环境保护总局：《排污费资金收缴使用管理办法》，2003 年。

［116］中华人民共和国国务院：《国家环境保护"十二五"规划》，2011 年。

［117］中华人民共和国国务院：《排污费征收使用管理条例》，2003 年。

［118］中华人民共和国国务院令（第 369 号）：《排污费征收使用管理条例》，2003 年。

［119］中华人民共和国环境保护部：《2012 年环境统计年报》，2013 年。

［120］中华人民共和国水利部：《2012 年中国水资源公报》，2012 年。

［121］周国川：《国外水资源保护税税制比较研究》，《水利经济》2006 年第 5 期。

［122］周明玉：《我国水污染防治立法现状与创新研究》，硕士学位论文，中国地质大学（北京），2009 年。

［123］朱发庆、高冠民、李国倜、栗晋斌、秦工一：《东湖水污染经济损失研究》，《环境科学学报》1993 年第 2 期。

［124］上海统计：http：//www. stats – sh. gov. cn/tjfw/201103/88317. html。